4·16구술증언록 단원고 2학년 1반 제9권

그날을 말하다

소희 아빠 박윤수

이 도서의 국립중앙도서관 출판예정도서목록(CIP)은 서지정보유통지원시스템 홈페이지(http://seoji.nl.go.kr)와
국가자료공동목록시스템(http://www.nl.go.kr/kolisnet)에서 이용하실 수 있습니다.
CIP제어번호: CIP2019009401

4·16구술증언록 단원고 2학년 1반 제9권

그날을 말하다

소희 아빠 박윤수

4·16기억저장소 기획 편집
(사) 4·16세월호참사가족협의회 지원 협조

일러두기

1. 음절로 식별 가능한 소리를 들리는 대로 전사하는 것을 원칙으로 한다.

2. 의미를 파악하기 위해 추가 설명이 필요할 경우 [ ]로 표시한다.

3. 몸짓, 어조 등 비언어적 행위는 ( )로 표시한다.

4. 구술자가 말을 잇지 못해 말줄임표를 사용하는 경우 ……, …로 길고 짧음을 표시한다.

5. 비공개 영역은 〈비공개〉로 표시한다.

6. 비공개해야 하는 희생자 형제자매의 이름은 ○○, △△ 등의 도형기호로, 생존자의 이름은 A, B, C 등 알파
   벳 대문자로 표시한다.

7. 비공개해야 하는 제3자는 직분이나 소속, 성만 공개하고, 이름은 ××로 표시한다. 비공개해야 하는 숫자는
   자릿수에 상관없이 □로 표시하며, 지명은 □□로 표시한다.

책머리에

4·16기억저장소에서는 세월호 참사 5주기를 맞아 구술증언 수집 사업의 결과물 일부를 100권의 책으로 발간하게 되었습니다. 이 사업은 2015년 6월부터 다양한 학문 분야 구술 연구자들의 자발적인 참여로 진행되어 왔으며, 세월호 참사를 좀 더 정확하고 다각적으로 기록하고 기억하고자 하는 노력의 일환으로 수행되었습니다.

2014년 참사 발생 이후, 참사 피해자들의 목격담과 경험은 안타깝게도 공식적인 국가기관과 언론의 기록 속에서 철저히 소외되거나 왜곡되었습니다. 그것은 세월호 참사가 우리에게 안긴 죽음과 고통의 충격만큼이나 우리 사회의 끔찍한 비극이었습니다. 따라서 사업을 진행하면서 세월호 참사 희생자 가족, 생존자, 생존자 가족, 어민, 잠수사, 활동가, 기자 등등, 참사의 초기 과정을 직접 경험한 분들의 증언을 우선적으로 수집했습니다. 구술자는 이 사업의 취지와 방식에 개인적으로 동의한 분 중에서 선정했으며, 참여 과정에 어떠한 금전적 보상이나 이익이 제공되지 않았습니다. 또한 구술증언 수집 사업을 진행하는 동안, 면담자는 연구자이자 참사를 겪은 공동체 시민으로서 최대한 윤리적이고자 노력했습니다.

구술자마다 매회 약 2시간씩 3회를 원칙으로 음성 녹취와 영상 촬영을 하는 방식으로 진행되었고, 증언의 일관성을 확보하기 위해 면담자는 큰 틀에서 공통 질문지를 사용했습니다. 공통 질문지의 내용은 참사와 구술자 간의 관계성에 따라 차이가 있지만, 유가족 구술의 경우 1회차 '참사 이전의 삶, 팽목항과 진도에서의 경험, 자녀에 대한 기억'을, 2회차 '참사 이후 투쟁과 공동체 활동 경험'을, 3회차 '참사 이후 개인 및 가족이 경험한 삶의 변화와 깨달음, 자녀의 현재적 의미'를 중심으로 했습니다. 이처럼 증언 내용은 참사 이전에서 시작해 참사 발생 당시의 경험과 이후의 변화 과정까지 폭넓게 수집했고, 면담자는 구술 채록 과정에서 구술자의 발화를 최대한 존중하고자 했으며, 무엇보다 각자의 특수한 경험과 다른 시각을 충실히 반영하고자 했습니다.

이 구술증언록의 발간을 위해, 채록된 음성 자료는 문서로 변환해 구술자와 함께 검토했고, 현재 시점에서 공개할 수 있는 영역과 할 수 없는 영역으로 구별했습니다. 따라서 책에 실린 내용은 모두 구술자로부터 공개를 허락받은 부분입니다. 비공개 영역은 추후 구술자의 동의를 받아 적절한 절차를 거쳐 추가로 공개될 수 있으리라 생각합니다.

이 구술증언록 100권에는 그동안 우리 사회에 왜곡되어 알려지 거나 잘 알려지지 않았던, 참사 발생 직후 팽목항과 진도 혹은 바 다에서의 초기 상황에 관한 중요한 증언이 포함되어 있습니다. 또 한, 자녀를 잃는 잔인하고 애통한 상황을 겪으면서도 그 누구보다 강인한 정치적 주체로 성장할 수밖에 없었던 유가족의 마음과 경 험을 구체적으로, 그리고 여러 각도에서 살펴볼 수 있습니다. 그 외에도, 이 구술증언록은 2014년을 전후한 한국 사회의 여러 측면 을 드러내는 귀중한 자료가 되리라고 생각합니다. 무엇보다 국내 외의 많은 분이 이 책을 읽어, 장차 세월호 참사의 진상 규명과 역 사 서술에 기여할 수 있기를 바랍니다.

구술증언 수집 사업이 진행되고, 책으로 출간되기까지 많은 분 의 도움과 지지가 있었습니다. 이 지면을 빌려 부족하나마 감사의 말씀을 전하고자 합니다.

먼저 (사)4·16세월호참사가족협의회와 4·16기억저장소에 감사 를 드립니다. 이분들의 신뢰와 적극적인 협조가 없었다면, 이 사업 은 처음부터 시작할 수조차 없었을 것입니다. 또한 어려운 정치 환 경 속에서도 사업의 취지에 공감해 재정 지원을 결정해 준 아름다 운가게와 역사문제연구소에 감사드립니다. 두 단체 덕분에, 이 사 업을 4년 동안 계속해 올 수 있었습니다. 그리고 구술증언록 100권 의 발간에 동의하고, 바쁜 일정에도 출판 실무를 기꺼이 맡아주신 한울엠플러스(주)에도 감사를 드립니다. 이 외에도 많은 개인과 단 체가 직간접적으로 많은 도움을 주시고 격려해 주셨습니다. 여기에 모두 밝히지 못하는 것을 죄송하게 생각합니다.

　말할 필요도 없이, 가장 크고 또 가슴 아픈 감사는 구술자 한 분 한 분께 드리고자 합니다. 이 책이 발간될 수 있었던 것은, 무엇보다 용기를 내어 아픔과 고통의 기억을 다시 떠올리고 장시간 진심으로 이야기를 해주신 구술자가 있었기 때문입니다. 오랜 시간 이야기를 나누며 함께 공감하기도 했지만, 그 아픔과 고통을 어떻게 가늠할 수 있을까 싶습니다. 더 큰 도움이 되지 못함을 안타까워하며, 이 구술증언록 100권의 발간이 피해자분들에게 조금이라도 위로가 될 수 있기를 기원합니다.

2019년 4월

4·16기억저장소 구술팀 책임자
서울대학교 인류학과 교수 이현정

차례

■ 3회차 ■

소희 아빠 박윤수

구술자 박윤수는 단원고 2학년 1반 박소희의 아빠다. 그는 친구들의 억울한 희생에 대한 진실을 알고 싶어 하는 딸과의 약속을 지키기 위해 생존 학생의 부모로서 진상 규명 활동에 매진해 왔다. 소희 아빠는 현재 4·16세월호참사가족협의회 생존 학생 학부모 대표로 활동하고 있다.

박윤수의 구술 면담은 2018년 10월 2일, 16일, 31일, 11월 18일, 4회에 걸쳐 총 6시간 40분 동안 진행되었다. 면담자는 장원아, 촬영자는 강재성·방승현·장원아였다.

구술자 본인의 프라이버시나 제3자의 프라이버시를 보호해야 할 부분을 제외하고는 구술자의 발화를 있는 그대로 전사했다.

1회차

2018년 10월 2일

1
시작 인사말

면담자   본 구술증언은 4·16 사건에 대한 참여자들의 경험과 기억을 기록으로 남김으로써 이후 진상 규명 및 역사 기술에 기여하고자 합니다. 지금부터 박윤수 씨의 증언을 시작하겠습니다. 오늘은 2018년 10월 2일이며, 장소는 안산시 단원구 4·16기억저장소입니다. 면담자는 장원아이며, 촬영자는 강재성입니다.

2
구술 참여 동기와 목적

면담자   먼저 구술증언 사업에 참여하게 된 동기에 대해 말씀 부탁드립니다.

소희 아빠   일단 저는 생존 학생 가족이다 보니까 말씀대로 도움이 될 수 있다면 당연히 해야 된다고 생각합니다. 그래서 참여하게 된 거고.

면담자   이 기록이 어떤 목적으로 사용되기를 원하세요?

소희 아빠   저희처럼 이렇게… 앞으로 이런 일이 있어서는 안 되니까, 이런 걸 많이 보시고 '아, 이렇게 하면 안 된다. 이렇게 하면 된다'라는 걸 판단하시고 느끼셨으면 하는 거예요.

아버님은 계속 활동을 해오셨잖아요, 최근 근황은 어떠신가요?

며칠이었더라, 목포 신항에서 마지막으로 있었고요. 거기서… 당시 작은 건우 아빠와 둘이서 해수부하고 그다음에 저기… 코샐이죠, 코리아샐비지하고 각 업체들하고 보존 처리서부터 시작해서 모든 것을 결정하는 데 참여해야 되는 거였거든요, 부모님들이 계셔서. "이건 어떻게 보존 처리를 해달라, 이건 이렇게 해라", "여기는 절단이 된다, 안 된다" 그런 거. 거기에는 지금도 네 분의 미수습자분들이 계시기 때문에 같이 회의를 하면서 결정을 해서 빠르게 정리 좀… 정리라기보다는 한두 분이라도 더 찾을 수 있게끔 가서 도와드린 거죠.

현재 소속은 어떻게 되시는지요?

지금 가족협의회[4·16세월호참사가족협의회]에서 생존자 [가족] 대표로 있고요. 소속은 원래 인양분과를 2015년인가, 1년 반 정도 했다가… 그만두었고요. 애진 아버님이 원래 [생존자 가족] 대표였잖아요? 그런데 가족협의회를 공식적으로 애진 아버님이 하신 게 1년 정도밖에 안 돼요. 왜냐하면 가족협의회 이사를 하시면, 좀 복잡한데 겸임으로 같이 할 수가 없어요. 그래 가지고 그때 당시에는 애진 아버님이 진상분과 팀장이었고 제가 인양분과 팀장이었어요. 애진 아버지가 가족협의회 이사 겸 생존자 [가족] 대표를 할 수가 없었어요. 생존자하고 가족협의회하고 합치다 보니까 겸

임이 안 되더라고요.

그러다 올해죠, 올해 3월 달에 애진 아버지가 대표직을 내려놓으셨어요. 그 자리가 계속 비어 있었는데 더 이상 비어 있으면 안 되겠다고 생각해서 저희 생존자 가족들이 모여서 투표를 해서 제가 됐고요. 총 열여섯 가족 중에서, 소송 가족이죠, 그중에서 열네 가정이 나오셔서 만장일치로 제가 돼서 지금까지 가족협의회 생존자 대표로 일하고 있습니다.

면담자   두 개가 합쳐졌다고 하셨는데 무엇인가요?

소희 아빠   유가족과 생존자 [가족이] 합쳐진 거죠. 그래서 가족협의회가 생긴 거죠.

면담자   그 이전에는….

소희 아빠   따로따로 했었죠. 생존자 가족협의회로 갔었고, 이쪽은 그냥… 당시에는 안 만들어져 있었고요. 저희끼리는 원래 1기, 2기라고 편하게 얘기를 하는데 그게 1기 때 같이 합치려고 준비하다가 안 됐고… 그 사건['대리기사 폭행 사건'] 이후로 좀 그렇게 되었었죠.

면담자   그러면 2015년 2기 때에 합치신 거예요?

소희 아빠   아니요. 1기 때에 거의… [안산]와스타디움에, 원래 [가족대책위원회] 사무실이 있었어요. 저희 생존자 가족 사무실이 학교[단원고]에 있었고요. 그때 와스타디움에 계실 때 왔다 갔다 하면서 저희가 계속 "합쳐야 된다"고 말씀드렸고 그래서 아마 그해에 되긴 되었을 거예요. 그런데 조금 늦었죠.

면담자   2014년이요?

소희 아빠   네.

3
가정환경과 4·16 직후 상황

면담자   4·16 이전의 삶에 대해 질문을 하려고 합니다. 성남에서 태어났다고 하셨는데 쭉 거기서 자라신 거예요?

소희 아빠   네. 태어난 데가 거기구요, 학교도 거기서 다녔어요. 아이들도 거기서 태어났고. 2009년인가 소희가 초등학교 5학년에서 6학년으로 올라가기 직전에 그 방학 때 [안산으로] 이사를 오게 되었고요. 성남에 아직도 친구가 있고, 가족들, 집안 식구들도 다 그쪽에 계세요.

〈비공개〉

면담자   안산에서는 무슨 일을 하셨어요?

소희 아빠   안산에 와서는, 원래 제가 성남에 있을 때는 방배동 □□ 모델팀에 있었고요. 거기서 아는 지인분이 소개를 해줘 가지고 □□전자 보안팀으로 들어가게 되었고요. 조금 근무하다가

소희 아빠 박윤수

2014년 되어가지고 사고가 난 거죠.

면담자   그럼 안산에서는 따로 알고 지내던 이웃이라든가 이런 분들은?

소희 아빠   당시에 □□[전자]에 같이 근무했던 친구들이 안산에 많이 살았어요. 그 친구 얘기 듣고 "안산에 공원도 많고 좋다, 아이들 키우기에" 그래서 오게 된 건데 그다지 그렇게 좋지 않아요, 안산이.

면담자   참사 때문에 그렇게 느끼신 거예요, 아니면 그 전부터?

소희 아빠   〈비공개〉 이사 왔을 때 사고가 좀 많이 났었어요. 살인 사건도 나고 그랬었어요. 그래 가지고 '여기 좀 아닌 것 같다'라는 생각이 들더라고요. '다시 가야… 성남 다시 갈까' 생각도 했었는데 그래도 워낙 제가 혼자서 둘[두 아이] 챙기고 그러다 보니까 그게 또 안 되더라고요. 다시 가기가 힘들더라고요.

면담자   자녀들 나이 차가 어떻게 돼요?

소희 아빠   2살 차이예요.

면담자   2살 차이예요, 둘이 친했어요?

소희 아빠   친했죠. 지금도 계속 통화하고 "내일 온다" 하니까 또, 만나면 둘이 못 만나서 안달이 났으니까 (웃음).

면담자　　4·16 이전의 하루 일상이 어땠는지, 아침부터 밤까지 평일을 기준으로 한번 얘기해 주시겠어요?

소희 아빠　　저 같은 경우는 아침 차려놓고… 아이들 밥 챙겨주고, 그다음에 바로 회사로 나갔고요. 그다음에 회사에서 일하고. 그게 평상시 생활이었어요. 퇴근하고 다시 아이들 챙기고. 쉬는 날은 또 아이들하고 웬만하면 같이 있으려고 노력을 했고요.

면담자　　아이들 챙기거나 가사는 아버님이 혼자 하셨어요?

소희 아빠　　그 당시에는 제가 다 해야죠. 지금도 하고 있어요. [아이들은] 절대 안 합니다(웃음).

면담자　　아이들은 학원 같은 데 가고.

소희 아빠　　애들은 그때… 원래 소희가 선생님이 꿈이었잖아요. 유치원서부터 쭉 꿈이었다가, 학교도 단국대를 들어간 이유가 그건데 꿈을 접더라고요. 그게 좀 아팠죠.

면담자　　주말에는 대체로 어떻게 보내셨어요?

소희 아빠　　주말에는 쉬거나 아니면 같이 나가서 밥을 먹든가. 그리고 공원이 많다 보니까 여기저기 자전거 타고 다니고 그다음에 같이 걷기도 하고.

면담자　　자전거는 그때부터 쭉 타셨어요?

소희 아빠　　아니요, 자전거는 어렸을 때부터 탔죠(웃음).

소희 아빠 박윤수

면담자	아이들도 같이?

소희 아빠 막내 놈이 원래 자전거를 좋아해 가지고. 오토바이로 바꿨길래 키를 뺏어버렸죠.

면담자 야외 활동 좋아하세요? 여행도 많이 다니셨어요?

소희 아빠 네. 저는 원래도 낚시도 좋아하고, 등산도. 요즘은 이거 나오고 나서는 못 가고 있죠, 지금 저는.

면담자 그렇군요. 아이를 키우면서 특별히 기억에 남는 일은 무엇일까요?

소희 아빠 이게… 둘이서 키우다가 혼자 키우다 보니까 너무…. 아빠로서는 충분한데 엄마로서는 안 되다 보니까 그런 게 미안한 게 좀 많았고. 그다음에 어버이날 이럴 때 꽃다발을 받을 때 "아빠, 고마워요" 그럴 때, 그런 게 기억에 남죠. 최대한 아이들한테 해주려고 했는데도 많이 부족했죠, 제가.

면담자 애들 키울 때는 가장 중요하게 생각하신 건 어떤 거예요? '이렇게 해야 한다'라든가, '공부를 잘해야 한다'라든가?

소희 아빠 말씀 그대로예요. 부모는 다 똑같을 거예요, 아마. "공부 열심히 해라" 항상, "아빠처럼 이렇게 안 되려면 열심히 살아라" 그런 거죠.

면담자 교육 정보나 세상 돌아가는 얘기 같은 건 주로 직장 동료들과 나누셨어요?

소희 아빠   그렇죠, 직장 동료들과 하고. 그다음에 당시 같이 회사를 다녔던 친구들도 만나면 술 한잔하면서 그런 얘기도 좀 하고….

면담자   원래 투표는 하시는 편이었는지, 하실 때는 어디에 하셨어요?

소희 아빠   저는 투표를 안 했어요. 정말 못됐죠(웃음).

면담자   그건 아니고요. 왜 그렇게 생각하세요?

소희 아빠   그러니까 나라가 이 모양이죠. 관심이 없었어요. 진짜 말 그대로 아이들 키우고 잘 자라고 시집, 장가가서 그런 거…, 부모 다들 그렇잖아요? 그거였지, 뭐. 나는 '나라님들이 잘 알아서 하시겠지'라고만 생각했어요. 그런데 막상 일이 터지고 나서 직접 부닥쳐 싸우다 보니까 '아, 나라가 이게 아니구나. 너무 많이 잘못됐구나'라는 걸 알았죠.

〈비공개〉

면담자   혹시 아이들이 엄마 쪽과 연락하나요?

소희 아빠   아니요. 그런데도 저는 [명절이면 아이들을] 보내요, 처가 쪽에. 그래도 장모님 아직 살아 계시고 장인어른 살아 계시기 때문에. 그리고 이모들을 되게 좋아해 가지고… 평택에 사는데 "내려가라…".

면담자   4·16 참사 소식 듣고 처가에서도 굉장히 놀라셨겠

소희 아빠 박윤수

어요?

소희 아빠　　　전화 와가지고 그때 당시에 난리가 났었죠. 나름대로 걱정됐는지 전화도 한번 안 하시던 분들이 전화하고 뭐⋯. 원래 저는 일하느라 몰랐었어요. 그런데 큰형수한테 전화가 와서 알게 돼가지고⋯. 그때가 한 9시 몇 분이었나 10시쯤이었나, 정확하게 시간대는 기억이 안 나는데 전화를 받는데[받았더니] 형수가 당시에 "혹시 소희 제주도로 가지 않았냐?", "갔다" 그러니까 "지금 빨리 학교로 가보라"고 그래 가지고. "뭔 소리하는 거냐, 얘기를 해줘야 알 거 아니냐"고 그랬더니만 "배가 침몰하고 있다"고 그래 가지고 스마트폰으로, 그때 핸드폰으로 영상을 봤는데 배가 침몰하고 있는 과정을 봤거든요. 저는 너무 놀라가지고 그 자리에 주저앉았죠. 정신을 좀 차려가지고 학교로 바로 와가지고 오니까 난장판이고 난리가 났었죠, 그때. 제가 도착한 시간이 11시 정도, 좀 늦게 도착했는데 그때는 뭐 벌써 학교는 난리가 났더라고요.

면담자　　　그 전에 소희와 연락은 없었어요?

소희 아빠　　　10시 좀 넘어서 하긴 했어요, 그때. 그래 가지고 저는 약간 안심을 하긴 했었어요. 올라오는데 전화가 왔더라고요. 이상한 전화번호가 떴는데 전화를 받았더니만 소희를 바꿔주더라고요. 당시에 생존하신 여자분인 거 같더라고요. "같이 있는데 전화 좀 받아봐라" 그래 가지고, 일단 걱정하니까 전화를 했다고 얘기하더라고요. 그런데 그렇게 많이 다친 줄 몰랐어요. "아빠, 나 괜찮으니까, 지금 배 타고 나가서…". 그게 바로 서거차도로[에] 있을 때라고 얘길 하더라고요. 거기서 전화를 한 거더라고요. "안전하게 구조됐으니까 걱정하지 마시라"고 "올라오겠다"고 얘기를 해서 학교에서 기다리고 있었죠. 그런데 안 오더라고요.

면담자　　수학여행 가기 전에는 상상조차 못 하셨을 거잖아요?

소희 아빠　　원래 소희가 성격이 되게 활발했었으니까요, 그리고 친구도 많았고. 그냥 "잘 놀러 갔다 올게" 그랬으니 말 그대로 소희는 재밌게 놀러 갔다 올 줄 안 거고, 그 전에 선배들한테 얘기를 들었는데 배 타고 갈 때 폭죽 쏘고 그런 게 너무 기억에 남는다고 얘기를 들었나 봐요. 그래서 그렇게 해가지고 간다고. "그러냐? 그럼 잘 갔다 와라" 그러고 챙기고 저는 출근하고 애는 갔는데 너무 놀랐죠, 진짜.

면담자　　소희가 원래 알아서 잘하는 스타일이었나 봐요.

소희 아빠　　그렇게 되고 나서, 집사람하고 그렇게 되고 나서 애가 좀 많이 달라졌죠. 자기가 해야 된다는 걸 알기 때문에 동생도 챙기고 그렇더라고요. 그게 아빠를 도와줄 수 있는 거라고 생각을 했나 봐요. 많이 도움이 됐죠, 소희가. 좀 늦으면 동생도 챙기고 있고…, 그랬죠.

면담자　　4·16 소식 듣고 학교에 갔다가 진도로 내려가신 건가요?

소희 아빠   네. 학교로 도착해서 소희가 올라온다 그래 가지고 저는 아무 이상이 없는 줄 알았는데 한국병원에서 전화가 온 거예요. "보호자가 오셔야 된다"고 그래서 "왜 그러냐"고 그랬더니만 소희가 지금 왼쪽 다리에 반 깁스를 하고 양팔을 못 쓰고 있다고 그러더라고요. 얼마나 심각한 정도인 줄은 몰랐는데, 그때 당시에는. 사물함 넘어지면서 찔려가지고 그랬다고 얘기를 하는데… 그래서 넘어지면서 맞아가지고 디스크도 생긴 거고요. 그 정도까지인 줄은 몰랐는데, 만약에 그걸 알았다면 바로 아침에 첫차로 내려갔겠죠. 그때 차가 11대인가 10대인가 있었을 거예요, 여기 학교 앞에. 바로바로 내려가는 차였거든요. 그런데 마지막에 타고 내려갔어요, 제가. 7시 차인가, 그때 전화가 와가지고 올라오는 줄 알았어요 저는, 애가.

면담자   아침에 전화가 와서 "괜찮다"고 하니까.

소희 아빠   그리고 애가 올라온다고 그랬거든요. "아빠, 나 그럼 학교로 갈 테니까 거기 있어"라고 그러더라고요. 기다리고 있었는데 병원에서 전화가 와가지고, 지도 워낙 저거 하다[놀라다] 보니까 경황이 없었는지 많이 다쳤는지를 몰랐나 봐요. 누가 병원에 좀 가야겠다고 얘기하니까, 그렇게 되어 있더라고요.

면담자   생존 학생 부모님들이 거의 마지막에 내려가신 건가요?

소희 아빠   아니요, 아니요. 중간에 먼저 내려가신 분[도] 많이 계시고요. 저 같은 경우는 기다리다 보니까 그렇게 된 거고 마지막에 차타고 내려가니까 11시가 좀 넘었더라고요. 중간에 내려가다가 전화가 다시 한번 왔거든요. 소희가 기자들한테 너무 많이 시달리고 있어가지고…, 그 당시 지금 TV로는 이XX 기자죠? 그분이 저거 했잖아요, 양심선언. 지금 [가족협의회] 집행위원장하고 같이 했었잖아요. 그게 소희 얘기예요. 그분이 소희한테 병원에 입원했을 때 찾아오셨어요. 저는 내용을 모르니까 당시 대충 얘기하시더라고요. "그랬었습니다, 죄송합니다"라고 얘기하는데….

면담자   병원에 있는데 계속 기자가 괴롭힌 거예요?

소희 아빠   한국병원에 있을 때요? 그때 당시 상황이 뭐냐면, 원래 한국병원에 생존자 아이들이 치료를 받고 있다고 그러다 보니까 기자들이 몰렸고 그중에 한 분이었고. 그 기자들이 있는데 당시에 김한길 의원하고 안철수 의원이 왔잖아요. 그런데 아이들은[을] 다 데리고 생존자 부모님들이 다 데리고 가고 저는 안 내려가다 보니까 소희가 혼자 남아 있는 거예요.

그때 안철수 의원이 한국병원으로 왔대요. 거기 기자들 쭉 데리고 들어가면서 소희한테 손을 내밀면서, 그러니까 저걸[연출을] 한 거죠. 그런데 그 전에 바로 소희가 다 들은 거예요, 그걸. 그게 너무 화가 났다고 얘길 하는데, 지금도 화를 내고 있어요. "작품 하나 만들고 가자" 그게 안철수 입에서 나온 거고, 나는 보좌관이 그런 건 줄 알았어요. 그래서 소희한테 "보좌관이 그런 거 아니야?"

그랬더니만 "아니, 정확하게 안철수"라고 얘기하더라고요.

그 많은 [카메라 플래시]를 받고 거기서, 영상은 모르겠습니다. 나갔는지 안 나갔는지 어떻게 되었는지 모르겠는데 담요를 뒤집어 쓰고 있는데 그걸…. "왜 악수를 해줬어?" 그랬더니만 "그래도 어른이 하자 하는데 어떻게 악수를 안 하냐, 악수를 해줬다"고 그러더라고요. 저는 아직도 그분은 용서가 안 돼요. 그것 때문에 아이가 얼마나 지금 힘들어하고 있는데, 지금도.

면담자   그것 때문이라[고] 하면?

소희 아빠   온갖 기자들서부터 시작해 가지고 그…, 같은 친구가 지금 열심히 활동하는 친구가 있는데 소희 같은 경우는 못 하고 있잖아요. 그런 것도 있어요. 광화문 때 그런 것도, 거기도 원래 가기로 했었는데 못 간 이유가 그런 거였고, 저하고도 약속한 게 "아빠도 절대 방송에 나가서 말하지 마라" 그런 약속이 있었기 때문에 저도 안 하고 있고요.

면담자   소희가 생존 학생들 구출될 때 좀 늦게 구출됐나요, 혹시 그런 것도 아세요?

소희 아빠   아니요, 맨 처음에 구출됐고요. 그때 당시에 SP1 [선실]에서 나왔고 같이 나온 게 [친구] 애진이서부터 해가지고 소희… 되게 많아요. 일단 대충 얘기 듣기로는 소희가 워낙 작다 보니까 구명조끼 있으니까 물이 밑에서 차올랐대요. 그런데 이게 반대로 열리는 거잖아요. 소희가 떠가지고 문을 열고 나오고 아이들을 끄집어 올렸는데 그때 한 여섯 명인가 끄집어 올려졌다 그러더라고요. 그리고 걔네들이 또 나와서 갑문을 열어서 서로 꺼내주고 그래가지고 좀 많이 나왔죠, 거기 그쪽에서. 배 있으면 뒷부분에 보면 배 대고 막 나오는 애들 있어요. 영상 그게 있는데 그중에 소희도 있고 거기에 아이들이 그렇게 해서 다 나온 거예요.

면담자   소희가 어떻게 탈출했는지 그런 이야기도 하나요?

소희 아빠   일단 뭐… "너 왜 이렇게 다쳤어?" 그러니까 사물함[이] 넘어져서 거기에 맞아서 허리가 좀 아프고 못에 긁혀가지고 그렇게만 얘기를 하고 그다음에 나온 거[는] 실질적으로 물어보면 얘기를 안 해요, 잘. 대략 물이 차올라서…, 금방 말씀드린 그 정도밖에 얘기를 안 하더라고요, 아직도 그래요.

면담자   특조위[4·16세월호참사 특별조사위원회]에서 생존 학생들 증언할 때 소희도 했나요?

소희 아빠   네, 다 했었어요. 그래도 꼭 필요한 건 해야 된다 그러면 하더라고요, 또 법원에[서] 증언도 했었고요. 그거는 왜 그러신지 알잖아요. 워낙 친구들이…, 소희는 친한 친구들이 다 희생이 됐어요. 그래 가지고 친구를 새로 사귄 거죠, 이번에 학교 들어가서. 그래서 그런 것도 있고…. 아직도 [희생된] 한 친구 때문에 너무 아파 가지고 힘들어하고 있고.

소희 아빠   한 친구는 혹시 누구?

면담자 보미예요, 보미. 보미하고 둘도 없는 짝꿍이었거든요, 1학년 때부터. 보미 엄마도 마찬가지로 저랑 비슷하게… 전학을 왔고 애들이 비슷하다 보니까 둘이 되게 친하게 지냈나 봐요. 반이 떨어져 있어도 둘이 쉬는 시간에 만나가지고 맨날 수다 떨고 그랬었다고…. [보미 엄마가] "학교에 있을 때는 소희[가] 맨날 보미 책상에 앉아 있었어요"[라고] 얘기를 하시더라고요.

4
참사 초기 생존 학생들의 상황

면담자 7시에 버스 타고 내려갈 때까지 학교에서 기억나는 사항 있으세요?

소희 아빠 학교에서 당시에 워낙 난장판이어 가지고. 막 뭐 부수는 소리도 났고 의자도 막 날아다니고, 그때 부모들이 극도의 흥분을 한 상태라. "전원 구조"[라고 보도]해서 슬슬 시간이 지나다 보니까, 교장선생님 계시는 데 문 부수고 들어가려는 부모도 계셨고요, 막. 실제로 문 부서졌고 그리고 막 쓰러져서 계시는 분도 있었고, 어느 어머니. 안에는 선생님은 어떻게 할지도 모르는 그런 상황이었고, 부모님들도 일단 그때부터 흥분 상태… 거의 보이면 가만 안 두겠다 이런 식으로. 관계자, 교육청이 됐든 누가 됐든 잘했건 못했건 간에 그 정도로 흥분을 많이 하셨던 것 같아요, 당시에.

면담자 진도로 내려가실 때는 소희가 생존한 걸 안 상태셨죠?

소희 아빠 저는 그걸 알고 일단 버스를 타고 내려갔기 때문에…. 그런데 그때 얘기를, 지금도 마찬가지지만 얘기하기가 참 힘들더라고요. 저희 아이 생존했는데… 중간에 내려가다가 소희한테 전화가 왔는데 왜 빨리 안 오냐고 울면서 전화가 왔더라고요. 제가 타고 갔을 때에는 앞에 하고 뒤에 좀 하고, 뒤쪽에 1학년 3학년 선생님들인가 선생님들이 많이 타고 가셨거든요. 소희가 울면서 전화 왔기에 "왜 그러냐"고 그랬더니만 "왜 빨리 안 오냐"고, 그때에는 애가 그걸 또 겪고 나와가지고 전화를 한 번 다시 한 거죠. "아빠 지금 가고 있으니까 조금만 더 기다리라"고, 왜 그러냐고 그랬더니만 기자들도 많이 있고 뭐….

뒤에 계신 3학년 선생님인가 그랬을 거예요. 3학년 선생님이 계시는데 제가 얘기를 했어요. "지금 한두 명이라도 생존자 있는데 누구 담당 안 계시냐"[고] 그랬더니 아무도 생존자가, 소희가 있었던 걸 몰랐더라고요, 교육청에서. 그게 저는 너무 어이없어 가지고 "지금 소희가 너무 힘들어하고 기자들한테 시달림을 당하고 있으니까 체육관으로 좀 데리고 와라". 이게 버스가 거기[목포 한국병원]로 가는 게 아니기 때문에, 버스도 거기[진도]에 도착해 가지고 팽목으로 갔다가 다시 체육관으로 갔어요. 차를 돌리더라고요, 계속.

그래 가지고 "일단 체육관으로 애를 좀 데리고 와달라"고 그러니까 전화를, 통화를 하더만. 당시 소희 1학년 때 담임선생님이 계셨어요, 그때. 거기 계시더라고요. 그분이 소희를 데리고 차에 태워서, 체육관에는 못 들어가고. 그때 당시에 체육관도 제가 내려갔을 때에는 아수라장이었고요, 거기도. 차에 소희를 태우고 있다가 제가 오니까 저를 불러가지고, 담임선생님 얼굴은 아니까, 제가 갔더니만 소희가 앉아 있더라고요. 그때 벌써 깁스하고 앉아 있더라고요. "많이 다쳤냐"고 하니까 "괜찮다"고 얘기를 하는데…(한숨).

그때 속상한 게 또 하나 있었죠. 앰뷸런스 열몇 대가 있었어요. 각 병원에 있는 앰뷸런스가 하나도 없[다]고, 얘기를 하더라고요. 그런데 담임선생님이 "죄송한데 앰뷸런스가 한 대도 없다"고 "택시를 타고 가서야 될 것 같다"고 그래서 소희하고 누구 어머니하고 같이 [올라왔어요]. 고대병원에 혼자서 입원한 애가 있었어요, 자기가 스스로 올라와서 [병원으로] 가서 그런데 그 어머니는 모르고 내려온 거죠. 그래서 급하게 올라가야 하신다니까 그러면 "소희 아버님하고 어머님하고 소희하고 택시 타고 올라가시면 될 것 같다"고 그래서 택시 타고 올라왔죠.

면담자   일단 진도체육관으로 내려갔다가 거기서 소희를 만나서 다시 택시를 타고 바로 그날 안산으로 올라오셨네요. 잠깐이지만 진도체육관 상황은 기억나세요?

소희 아빠   내리자마자 버스 타신 부모들은 우르르 달려가고 그런 상태였고요. 앞에 거기는 앰뷸런스 차가 쭉 있었고, 그리고 사람은 바깥에 막 나와 있는 그런 상황은 아니었던 거 같아요. 제가 그때 도착했을 때에는 다 안에 계셨던 거 같아요. 몇 분 왔다 갔다

33
•
1회차

하시고, 그 정도. 그리고 기자들이 좀 많았던 거 같고요.

면담자 　 체육관에 들어가시지는 않은 거죠, 그때?

소희 아빠 　 네. 저는 소희 때문에 바로 올라왔기 때문에.

면담자 　 이후에 혹시 다시 내려가셨어요?

소희 아빠 　 아니, 그때에는 일단은 아이가 다친 상태라 '병원에 빨리 입원시켜야겠다'는 그런 생각이 들어서 올라와서 학교 잠깐 들러서 얘기를 하고 "어떻게 [해야] 되냐?"라고 얘기했더니만 한도병원으로 가라고 그러더라고요. 왜냐하면 "[안산 고대병원은] 응급실까지 꽉 차가지고 더 이상 받을 수가 없다" 그렇게 전화가 왔대요.

면담자 　 한도병원, 어디에 있는 병원이죠?

소희 아빠 　 여기 바로 [안산] 선부동인가….

면담자 　 며칠 입원했어요?

소희 아빠 　 소희가 입원은 똑같이 했죠, 15일인가 14일인가. 처음에 왔을 때 애들 다 그렇게, 고대[병원]도 마찬가지였고요. 그리고 그 당시에 애진 아빠가 소희를 많이 찾았다고 하더라고요. "워낙 비밀이 유지가 되어가지고 찾기가 힘들었다"고 얘기를 하는데, 소희가 하도 [생존한] 친구들하고 만나고 싶다고 그래 가지고 고대병원에 [가려고 했어요]. 일주일인가 10일인가, 한 10일 정도 된 것 같은데 [그 정도] 지나고 나서 하도 친구들 보고 싶다고 해가지고 제가 담당 정신과 선생님한테 얘기를 했더니만, "고대병원은 안 된다, 아이들을 못 나오게 한다" [하시더라고요].

그런데 한도병원 선생님은 "소희가 그렇게 보고 싶어 하니까 데리고 갔다 오셔도 된다"라고 허락을 해주시더라고요. 그래서 가가지고 그때 당시에 애진이 아빠를 만났고, 소희를 많이 찾았다고 얘기를 들었어요. 애진이를 소희가 구해준 거죠. 그러다 보니까 애진 아버님이 "감사하고 고맙다⋯", "많이 감사하다"고 말씀을 하시더라고요. 그때도 잘 몰랐어요, 저는 왜 그런지. 그런데 나중에 들어보니까 그런 일이 있었더라고요, 그래서⋯.

면담자　　　소희가 애진이를 구했다는 이야기를 좀 더 들을 수 있을까요?

소희 아빠　　　일단은 뭐, 애진이를 구했다기보다는 자기네끼리 이렇게 서로 협동을 해서 나온 건데 애진이가 밑에서 소희를 미니까 소희가 나온 거고, 소희가 체구가 작다 보니까. 애진이는 체구가 좀 크잖아요. [먼저 올라간 소희가] 아이들이 끌어올리다가 팔에 양쪽이 다 멍이 들어가지고 팔을 며칠 동안 쓰지 못했어요, 밥도 못 먹고. 제가 떠먹여 주고 그랬는데, 뭐 그러다 보니까 애진이, A, 여러 명⋯ B인가? 정확히 아이 이름을 기억은 못 하는데 대충 한 여섯 명 정도더라고요, 그 아이들끼리 얘기를 하다 보니까. "그랬구나, 잘했다"고.

면담자　　　그중에 소희 혼자 한도병원에 있었던 건가요?

소희 아빠　　　네. 교육청에서 얘기하기를 그랬죠. "소희가 가 있으

면 뒤에 올라오는 아이들은 이제 한도병원으로 다 보낼 것이다" 그
래 가지고 갔더니만 아무도 안 왔죠, 더 이상.

면담자   아까 진도에 내려갔었을 때, 소희 처음 만났을 때 깜
짝 놀라셨겠어요?

소희 아빠   일단 사고 난 거 보고 너무 놀라가지고 내려가서 아
이 보고는 안도가 됐어요. '아, 이제 됐다, 일단 살아 있으니까'. 저
쪽 분께는 죄송한데 "살아 있으니까 됐다. 가자, 얼른 집에 가자".
그냥 집에를 가고 싶었어요, 빨리 데리고.

면담자   그때 막내는 계속 안산에서 기다리고요?

소희 아빠   막내는… 원래 다니는 교회 목사님이 계셨는데, 선
부동 쪽에 [우리 막내를] 좀 돌봐주고 계셨고요, 그 소식을 듣고. 그
교회에 다니는 아이들이 좀 많았대요, 희생된 아이들 중에. "알고
있으니까 아버님 걱정하지 마시고 내려갔다 오시라"고 "○○이 돌
봐드릴 테니까". 지금도 통화하고 있어요, 너무 감사해서.

면담자   그럼 소희가 올라와서 입원하고 15일 정도 지나면서
부터는 어떻게 진행이 되나요?

소희 아빠   연수원[에] 들어갔죠, 아이들 전체를 다 연수원에. 대
부도인가 어딘가 몇 개가 있었는데 본인들이 결정을 했고요. 바닷
가 보이는 것도 좀 아닌 것 같다 해가지고 차라리 그러면 안산 [중
소기업] 연수원 있잖아요, 거기. 다들 "일단은 갑시다" 그래 가지고

갔죠. 교육청에 얘기해서 거기를 마련해 주고, 거기에 아이들이 미성년자다 보니까 "부모님이 다 무조건 한 분은 계셔야 한다".

그런데 저 같은 경우에는 혼자다 보니까 막내를 또 챙기지 못하게 되다 보니까 그게 또 미안했고 [막내가] 스스로 알아서 하고, 목사님이 또 워낙 아이를 챙겨주겠다고 얘기를 하서서 그래서 좀 편안하게 큰아이를 돌볼 수 있었는데, 아이는 또 무조건 "가라, 막내가 있으니 아빠 집에 가라"고 그러는데 연수원에는 미성년자다 보니까 혼자는 있을 수가 없잖아요? 그래도 일단은 큰애가 걱정이 되니까…, 거기서도 한참 있었죠.

면담자　　　연수원에요?

소희 아빠　　　네.

면담자　　　생존 학생들은 전부 연수원에 들어가서 거기서 치료를 받은 건가요?

소희 아빠　　　그렇죠. 조×× 교수님인가 해가지고 몇 분 오셨어요. 트라우마에 대해서 하시는 분들이 많이 오셨더라고요. 김제동씨도 오시고 그다음에 누구죠, 김장훈 씨인가? 김장훈 씨가 오서가지고 "아는 트라우마 하시는 분들이 계신데 모셔오겠다" 그런 분도 계셨고. 그런데 그 트라우마라는 게, 그분들 오셔서 하는 말씀이, 쌍용차 사태서 [상담하셨던 분]부터 해서 되게 많은 분들이 오셨는데 다 한결같이 하시는 말씀이 "저희 아이들한테는 맞지가 않는다. 예전에 겪었던 것을 갖다가 했는데도 맞지가 않다". 왜? "아이들이 사

춘기다 보니까 그게 되게 힘들다"고 말씀하시더라고요. "성인이었으면 힘을 내고, 차라리 어렸으면 타이르면 되는데 그 중간이라 이게 너무 심하다". 남자애들은 저녁이 되면 소리 지르고 다니고, 막 뛰어다니고 그랬으니까요. 여자애들은 밤에는 맨날 울고 그런 상황이었고, 되게 힘들었다고 말씀하시더라고요. 그런데 되게 많은 분이 그런 분들이 왔다가셨는데, 그러다 보니까 아이들이 많이 너무 지쳤죠. 같은 걸 계속 되풀이하다 보니까.

면담자   연수원에서 먹고 자고 생활을 다 한 건가요, 얼마 동안 그렇게 있었어요?

소희 아빠   정확히 기억이 안 나는데 한 달은 넘은 것 같은데.

면담자   그동안 아버님이 계속 옆에 계시고요?

소희 아빠   네. 그리고 우리가 6월 21일인가, 학교로⋯ 6월 26일인가 25일인가, 학교로 아마 들어갔을 거예요, 6월 달에[6월 25일 첫 등교].

면담자   단원고요?

소희 아빠   네, 결정을 해서. 그게 부모님들이 결정한 게 아니라 아이들이 결정한 거예요.

면담자   학교에 가서 수업을 듣겠다고 했던 거예요?

소희 아빠   그러니까 수업을 듣는 게 아니라 학교에 가겠다는 거. 그래서 만든 게, 당시에 이 팔찌가 저희 아이들이 75명이 차고 나온 거고. 원래 부모들은 더 있어야 된다고 얘기를 했는데 아이들이 워낙 뜻이 그랬기 때문에 그걸 무시할 수는 없잖아요. 그리고 많이 지친 상태였고요, 너무 갇혀 있다 보니까. 아이들은 부모님들하고 되게 불편하잖아요, 되게 힘들고. 연수원이라는 게 그렇잖아요, 침대 하나에 자그마한 공간 하나, 거기서 부모님 주무시고 애는 침대에서 자고 거의 그런 식이었으니까 아이들도 불편하고 부모님들도 불편하고. 거기에 너무 지쳐서 그런 것일 수도 있고요.

아이들의 결정은 "학교로 가겠다, 우리는". 부모님들이 같이 해 가지고 아이들 의견을 전달을 하고 부모님끼리 회의를 해서 "그래, 아이들이 원하는 대로 해주자, 차라리 이제는" 그렇게 결정한 게 6월 25일인가 26일인가 아마 아이들이 학교로 갔을 거예요.

면담자   생존 학생 부모님들이 모임을 만든 때는 언제예요?

소희 아빠   그게 학교로 가고 나서 바로, 당시에 운영위원회 회의실인가 아무튼 회의실이 하나 있어요, 교장실 옆엔가. 거기를 바로 썼고요. 왜냐하면 연수원 안에서 저희는 어느 정도 [부모들 모임이] 만들어져 있었기 때문에.

면담자   계속 같이 생활하셨으니까?

소희 아빠   네. 그래 가지고 그거를, 의논을 충분히 했고 "우리가 학교를 들어가서 아이들을 좀 지켜봐야 된다" 그래 가지고 [학교 안에 부모들이 상주할 공간을] 만들어갖고 나온 거죠, 거기서. 그래서 바로 학교를 가서 "이런 이런 거를 갖다 준비해 주십시오"라고 얘기했고, 사무실 조그맣게 잡고 거기에 벌써 포진이 되어 있던 상태, [대표들이] 뽑혀 있는 상태였어요.

면담자   아버님은 다른 부모님 중에 원래 아는 분들이 있었어요?

소희 아빠   없었죠.

면담자   거기서 모두 처음 만나신 거네요.

소희 아빠   저 같은 경우는 와가지고 바깥에도 잘 안 돌아다녀요, 저는. 아는 데가 별로…, 아직까지 안산에 어디가 어딘지를 잘 몰라요, 좀 됐는데도. 다 처음 뵙는 거죠. 학교를 가서 제가 만날 그것[일]도 없고. 워낙 소희가 착실하다 보니까 그렇게 문제를 일으키고 그런 아이가 아니었기 때문에 학교를 가야 되고 그런 상황도 아니었고. 그래서 부모님들을 뵐 일은 없었죠, 아무래도.

면담자   그럼 한 달 넘게 연수원에서 지내면서 계속 만나신 건가요?

소희 아빠   그렇죠. 거기서 하다 보니까 일부 부모님도 알게 되고 같이 이렇게 알게 되고 하다 보니까 친한 분[은] 친하게 되고.

면담자   그러면 한 달 정도 계시는 동안 진도에서는 진도대로 상황이 전개되어 있었을 텐데요.

소희 아빠   연수원에서 나와서 6월 20 며칠인가 돼가지고 학교에 [사무실이] 꾸려진 다음에 재판 같은 게 슬슬 열리기 시작하니까 애들[이] 증언도 해야 되고, 그러다 보니까 광주법원은 당연히 가야 되고. 아이들이 광주는[에] 가는 아이들이 두 명 있잖아요. 이름[이] 기억이 안 나네.

면담자   나중에 기억나면 얘기해 주시면 됩니다.

소희 아빠   아무튼 남자애 두 명이 있었고, 한 아이가 증언한 게 그거잖아요. 해경에서 끌어올리는데 "이 새끼 왜 이렇게 무거워" 했[다고 증언했]던 아이. 나머지 아이들은 광주가 너무 멀다 보니까 안산에서 영상으로 증언을 했고요.

5
가족대책위원회 결성 및 참여

면담자   2014년 5월 6일에 '세월호 희생자·실종자·생존자 가족대책위원회'가 발족됐는데 기억이 나세요?

소희 아빠   (한숨을 쉬며) 2014년도인가요?

면담자   2014년 5월 6일이라고 적혀 있습니다. 그리고 5월 8일에 KBS 항의 방문하고 청와대 도보 시위하고, 5월 말에 국회에서 2박 3일 농성하고.

소희 아빠   다 갔는데 왜 기억이 안 날까요, 큰일 났네.

면담자   가족대책위원회 발족하는 자리에도 계셨나요?

소희 아빠   네, 저는 다 갔고요. 가족협의회[4·16세월호참사가족협의회]에서 한 거는 전부 다 했어요. 그리고 더 했죠, 도보 같은 경우는 말할 것 없고. 생존자로서 도보는 제가 유일하게 했는데…. 그거는 아직도 대자보를 갖고 있는데, 75명 [생존한] 아이들 이름 다 써가지고 집에 갖고 있어요, 지금.

면담자   5월 6일 발족하기 전에 유가족 임시총회 같은 게 있었어요. 올림픽기념관에서 열렸다고 하는데 거기도 가셨어요?

소희 아빠   네, 갔었고. 거기에 당시에는 애진 아빠밖에 못 들어갔어요.

면담자   못 들어가셨다는 건?

소희 아빠   막았죠, 대표만 들어오라고. "당신들은 다 못 들어온다" 선을 딱 그었어요. 〈비공개〉

면담자   초기 발족 과정, 논의에 대해 기억나는 대로 말씀해 주세요.

소희 아빠   논의된 건 없고 그때 당시에 저희끼리 회의를 했을 때 [희생자 가족대책위가] "합쳐져야 한다" 그거였고요. "어떻게 된다, 이렇게 된다"는 얘기는 없었고, 저희가 들어갈 수가 없기 때문에.

면담자   생존 학생 부모들은 들어오지 말라고 해서요?

소희 아빠   네. 그때 당시에 나온 얘기가 그거예요, "자랑하러 왔냐". 희생자 부모님한테 애진 아빠가 맞았고 이런 것들… 그런 거죠, 뭐. 그래도 같이 해야 된다는 게, 명확하게 [같이] 해야 된다는 게 있었기 때문에, 따로 하면은 아마 안 될 것이다 그래 가지고…. 무슨 일이 있어도, 제가 팽목항을 따라간 이유도 그거예요. '그래, 때리면 맞을게'.

면담자   팽목항은 언제쯤 내려가신 거예요?

소희 아빠   6월 달이에요. 애들 학교 간 다음에 거의 말일 즈음해서 바로 내려갔었어요.

면담자   5월 달에 가족대책위원회 발족하기 전에 있었던 여러 과정들에 계속 참여하신 거네요.

소희 아빠   네, 계속 연수원에 있으면서도 왔다 갔다 하면서 계속 했었고요. 그리고 그때 그런 것도 결정이 났기 때문에, "이제 학교로 가자" 아이들이 결정했기 때문에 학교도 간 거고. 그리고 6월 말 정도 돼가지고 법원도 가야 되고. 왜냐하면 우리 아이들 것도 있기 때문에 법원도 가기 시작한 거였고, 같이 생활을 한 거였죠. 그게 좀 쌓이다 보니까 지금은 [유가족들이] 다들 마음이 열리셔서 가지고 "다른 사람[은] 몰라도 당신만큼은 아 그래, 인정해 줄게". 지금은 응원을 더 해주고 계시죠, 부모님들이.

면담자   어쨌든 5월 6일에 생존자도 함께 하는 가족대책위원회가 만들어진 거잖아요, 받아들여 준 건가요?

소희 아빠   그렇게 봐야죠, 그냥.

면담자　　　혹시 어떤 논의 과정이 있었는지 기억나세요?

소희 아빠　　논의 자체는 모르겠어요, 기억으로는. 워낙 그리고 제가 대외협력분과다 보니까 간담회하고 이런 걸 그때 당시에 다녀가지고. 그때 대협분과장이 누구였나, 누구였지… 김… 기억도 안 나네. 〈비공개〉

면담자　　　당시에 대책위 결성 당시에 아버님께서 생각하셨던 시급히 해결해야 하는 과제들로는 뭐가 있었나요?

소희 아빠　　저는 그때 당시에 제가 뭘 하다가, 쉽게 이야기해서 애진 아빠처럼 노동[운동] 이런 일을 해가지고 그랬으면 '이런 거 빨리빨리 해야 된다' 그런 게 있었는데, 그런 게 아니라 그냥 말 그대로 회사만 다니다가 아이만 잘 크기를 바랐는데 갑자기 이렇게 되니까 뭔가를 해야 돼[는데…]. 아이는 저한테 얘기를 해요 "아빠가 좀 해줘. 내 친구를 위해서". 그래서 들어가서 하는데 뭐가 뭔지 몰랐어요. 진짜 거짓말 안 하고 '이게 뭐고 이건 뭐지?' 이쪽은 막 준비를 착착 해나가는데, 거기를 따라가기 바쁘고요. 굉장히 빨리 가는데 못 쫓아가는 거죠, 그때 당시에는. 지금 생각하니까 '이런 게 그런 거였구나…', 아직도 이해가 안 돼요, 저는(웃음).

면담자　　　가족협의회 만들어진 후 함께 활동하신 생존자 부모님들이 많으셨나요?

소희 아빠　　그때는 전부 다 하셨어요. 올라갈 때도 거의 다 오셔

소희 아빠 박윤수

가지고 인원도 많이 올라갔었잖아요, 그때 당시에 싸울 때는. 그땐 무조건 다 하나가 됐었던 거죠. 그걸 쪼개놓은 게 해양수산부죠. 합의, 거기에 몇 분이 동의를 해서 그렇게 된 거고.

면담자   회사 다니는 일은 그만두셨던 건가요?

소희 아빠   네.

면담자   언제쯤이셨어요?

소희 아빠   저는 그날 이후로.

면담자   4월 16일 이후 바로, 전화로요?

소희 아빠   전화도 없어요. 그냥… 이렇게 된 거죠.

면담자   회사 쪽에서 연락은 오지 않았나요?

소희 아빠   아니요, 왔었어요. 다시 좀 나와달라는데, 싫다고 [했어요].

면담자   계속 이렇게 활동에 뛰어들어서 하시는 이유가 소희가 "아빠가 해달라"는 이야기를 했다고 해서 그런 건지 아니면 다른 이유가 있으신지요?

소희 아빠   그런 것도 있고요. 그리고 이렇게 쭉 4년 반을 오다 보니까 '야, 이거 진짜 지금 나라가 좀 바뀌어야 되겠다' 뒤늦게 좀 깨달았죠, '제가 해야지만 바뀐다' 그래 가지고 그냥… 소희하고 약속이 제일 크고요. 안 그러면 소희가 해야 하기 때문에, 본인이잖

45
•
1회차

아요.

면담자   소희가 언제 그런 얘기를 했어요?

소희 아빠   병원에 입원했을 때, 그때 당시 바로 다음 날.

면담자   한도병원에서요?

소희 아빠   네. "아빠가 좀 해달라"고, "내 친구가 왜 그렇게 되었는지 알고 싶다" 그게 너무 애가 명확했기 때문에. 그래서 그때 당시에 "그럼 아빠가 할 테니까 너는 신경 쓰지 말고 치료나 해라" 하고, 도보도 한 이유가 그거예요. 자기가 하겠다고 그런 걸 "아빠가 할게, 너는 병원에 치료받아라" 이거였죠.

면담자   소희가 1반이었잖아요. 가족협의회를 보면 반별로 구성되는데 생존자들도 그랬나요?

소희 아빠   지금은 원래는 1반서부터 10반까지 있고, 저희가 [학생]생존자 그다음에 화물[기사 생존자], 일반생존자 이렇게 되어 있어요. [선생님까지 총] 14반이 되어 있어요. 같은 그 반으로 들어갈 수가 없어요, 아직까지는. 이번에 워크숍 준비 중이거든요. 네 반이 겹쳐서 마지막에, 워크숍을 전체 부모님 모여서 할 건데, 아마 전체 조직 개편을 할 거예요, 다시. 그때 아마 합쳐지지 않을까, 다시.

면담자   그럼 생존 학생 가족은 일단 따로네요?

소희 아빠   네. 그래서 제가 생존자 대표로 있는 거고요. 각 반 대표가 있어요, 다. 1반서부터 쭉 있고 저는 생존자 대표, 선생님

대표도 있고 쭉 계신 거죠.

면담자   발족 당시 대협분과에 들어갔다고 하셨는데 어떻게 결정이 된 거예요?

소희 아빠   원래 저희 가족에서 생존자 분과가 따로 있었고요, 언론 담당도 계셨어요. 언론담당분과, 대협분과. 처음에는 대협분과가 아니었고요, 법원분과 그랬어요. 대단하게 보이는데… 법원을 가야 되니까 그렇게 했는데 "이게 좀 맞지가 않는다" 그래 가지고 나중에 가족협의회가 꾸려지면서 분과가 정리가 된 거죠. 거기에 맞는 게 "법원분과는 대협분과가 맞는 거 같다" 해서 저희도 바꿨고. 거기 들어가서 그때 동혁 어머님이었나, 아무튼 쭉 계셨는데, 시연이 어머니도 계셨고 그때 팀장으로 계셨어요. 같이 회의하면서 간담회 있잖아요, 그런 거 일정도 같이 잡고 간담회 가고 그랬었죠.

면담자   당시에 법원분과였던 대협분과에 들어간 건 아버님 의지셨어요 아니면 모여서 같이 정한 건가요?

소희 아빠   그러니까 부모님들이 어찌 됐건 저찌 됐건 저쪽하고 합쳐지기 전이었으니까, 분과장이 있어야지만 그 부모님들을 이렇게 모시고…, 예를 들어서 법원을 간다고 하면 저 혼자 가는 게 아니라 부모님들과 같이 가야 되잖아요. 그러면 챙기고, 거기에 대해서 설명을 드려야 되니까, 그런 역할이었어요. 간담회를 하면 간담회를 잡아서 누구 어느 부모님이 가신다 그러면 그렇게 해가지고 체크하고 기록에 남기고 이런 걸 했죠.

면담자   원래 노동운동이나 그런 경험 전혀 없으셨죠?

소희 아빠   전혀요, 전혀. 투표도 안 했던 사람이에요(웃음).

면담자   1기 대책위원장이 김병권 씨로 선임되고 소위원회도 구성됐잖아요. 어떤 의견들이 있었어요?

소희 아빠   그 당시 그 안 내용은 제가 잘 몰라요, 진짜. 그런 사항은 뭐랄까요, 애진이 아버님 외에는 아마…. 완전히 합쳐지기 전까지는 약간 저거 하시더라고, 그러니까 뭐라 그러죠? 밀어내시더라고요, 저를.

면담자   완전히 합쳐진 건 연말쯤이었나요?

소희 아빠   그때부터는 조금 마음을 여신 거였고요. 그 전까지는 회의에 저는 아예 들어갈 수가 없었어요. 들어가더라도 [경기도] 미술관[에서], 그거[총회] 하고 나서도[할 때도] 저희는 의자에, 저희도 각 분과가 있으니까 그냥 앉아만 있었지 거기에[논의에] 참여 뭐 이런 걸 전혀 할 수가 없던 상황이었으니까.

면담자   미술관에서는 어떤 일이 있었나요?

소희 아빠   미술관도 그…. 가족협의회가 생긴 거잖아요.

면담자   발족을 미술관에서 했나요?

소희 아빠   1기는 먼저 전에 했었고, 그다음에 미술관으로 옮기면서 저희도 자주 들어갔는데, 그때도 발언권은 없었어요, 저희한테는. 워낙 분위기 자체가 뭐라 그래야 되죠, 살벌하다 그럴까? 누구하나 뭐 잘못하면 난리가 나는 거예요, 그냥. 그렇기 때문에 감히 거기다 대고 뭐라고 얘기할 수도 없었고요.

면담자　　　5월 8일, 9일 KBS에 항의하는 도보시위 때 상황은 기억나세요?

소희 아빠　　　도보시위 때, 저는 도보를 하거나 올라갔을 때 [생존] 아이들 국회 갔을 때도 마찬가지고 다 길잡이라고 해가지고 그 역할, 거기만 역할을 했죠. 영정 뺐을 때도 마찬가지로 앞에 서 가지고, 광화문 집회 했을 때도 앞에 서가지고 길잡이 해드리고. 그냥 작지만은 제가 할 수 있는 최선이었다고 생각하면서요. 당시 상황은 뭐… 말할 수가 없고, 한창 싸움했을 때에는 말할 것도 없고요. 저 너무 놀랐어요.

면담자　　　놀라신 이유가 뭐였나요?

소희 아빠　　　[광화문]현관 [앞]에서 그때 당시에[세월호 1주기 범국민대회] 국민들하고 올라와서 싸우고 그랬을 때, 이쪽 가족이 한 70명 정도 먼저 [경찰 저지선 안쪽에] 들어와 있을 때 저도 거기 안에 있었는데 화장실 가려고 그러면 "가세요" 그래 놓고 다음에 들어오려 그러니까 못 들어오게 막아버리고. 그러니까 부모님들이 화장실을 쓰게는 했죠. 그런데 나가면 못 들어오게 막았죠. 그러니까 부모님들이 안 나갔죠.

당시에 이불도 없고 물도 없고 아무것도 없었는데, 그래도 애진 아빠가 그걸 아시니까 차 밑으로 둘이서 기어 나와가지고 이불하고 물 같은 것 좀 전달해 드리고. 이불 전달해 준 파란 박스가 [나중에] 엄마들 화장실[이 돼가지고]…. 그거 둘이서 나르는데 얼마나 싸우고 들어왔는지 아주…, 당시 노란 옷이 다 찢어질 정도로 싸우고 들어왔어요.

면담자   아버님 노란 옷이 다 찢어졌다고요?

소희 아빠   네. 차 밑으로 다니고 그래 가지고.

면담자   5월 15일 경찰이 선원들 기소하고 6월 10일 첫 번째 재판이 열렸는데 그때 법원분과 활동이 있었나요?

소희 아빠   네, 그때도 있었죠. 아까 말씀드렸듯이 부모님들 모셔서 그거 하고[안내하고, 체크하고]. 너무 피곤해 가지고 방청은 거의 못 했어요, 저는 가더라도. 진도, 팽목도 왔다 갔다 하고 법원도 왔다 갔다 하고 하루에 21시간을 왔다 갔다 한 적도 있어요, 잠도 못자고. 그러다 보니까 제가 쉴 수 있는 시간은 딱 그거예요. 법원, 그 잠깐 여는 시간, 약간 작은 쉴 공간 있잖아요. 거기서 그렇게 쪽잠 자고 그랬었죠, 그때.

그리고 다시 또 팽목 내려가서 체육관에 있다가, 체육관에서 팽목도 거리가 되잖아요, 다시 팽목 가고. 당시에 있던 사람이 [현]진상분과, 인양분과 지금의 가족협의회 진상분과장, 인양분과장. 진상분과장님은 아이가 바뀌어가지고 다시 내려오시고 그런 걸 다 봤죠. 너무 많이 아팠죠, 지금도….

당시에 진상분과장님이 지금도 그러시는데 저녁에 제대로 잠을 못자요. 너무 그게[스트레스를] 많이 받다 보니까…. 지금도 그러셔요, 가끔 가다가 벽보고 막 얘기하고 벽을 주먹으로 치고, 저는 그 광경을 다 봤어요. 서서 막, 이게 잠이 깬 게 아닌데 그런 것도 저는 다 봤고, 다시 눕히고 재우면 또 주무시고.

면담자   그때 생존 학생 부모님들도 팽목항, 광주를 많이 왔다 갔다 하신 건가요?

소희 아빠   아니요. 법원은 그래도 같이 좀 다니셨는데 팽목 같은 경우는, 팽목하고 체육관 같은 데는 아예 내려오지를 못하셨어요.

면담자   그럼 아버님만?

소희 아빠   네.

면담자   어떻게 해서 그렇게 적극적으로 참여하게 되신 거예요?

소희 아빠   그냥 부닥쳤죠, 뭐. '분명히 이분들하고 섞여야지만 나중에 가족협의회가 될 것이다' 그래 가지고 같이 만나고. 은화 엄마, 다윤이 엄마, 그때 당시에 많은 분들이 계셨지만… 부닥쳤어요, 말 그대로. 같이 저녁에 소주 한 잔 먹고… 다행히 다윤이 엄마가 당시에 2반이었잖아요. 소희하고 친구였어요, 다윤이가. 다윤이 엄마가 그때 당시에는 좀 알고 계셨으니까.

그리고 애진 아빠하고 저하고 당시에 마지막 연수원에서 저희가 [생존 아이들 증언 듣고] 만든 거 있잖아요, [미수습 아이들 있을 만한] 위치. 마지막으로 본 아이들… 증언을 자료로 갖고 가서 바지선 타서 해경에게 넘겨주고 설명해 주고 다 해줬는데, 그리고 나왔는데 그때부터 약간 좀 나아지시더라고요. 그때부터 그냥 같이 술 한 잔 먹으면서 이 얘기 저 얘기 하고, 그러다 보니까 조금 가까워지더라고요.

면담자　　　그래도 부딪치면서 어려움이 많았을 거 같은데요.

소희 아빠　　　많았죠. 그래도 어차피 겪어야 할 문제였으니까. 이게 하루 이틀, 처음에는 거의 뭐 "너네들 뭐 하러 왔냐?" 이런 분위기였고 거기서 잠도 못 잤어요, 저희는. 밖에서 차에서 자고 그랬으니…. 그러다가 하루 이틀 계속 [술] 마시면서 뭐… 얘기를 계속 들어줬어요, 그냥.

그러다 보니까 조금씩 열리시다가 어느 날 갑자기 "거기서 그러지 말고 여기서 자라"고, 진상분과장하고 같이 자고 그랬었죠. 그때 진상분과장이 제일 먼저 마음을 열어줬어요. 지금도 친하고요, 진상분과장이랑. 술도 둘이서 잘 마시고, 너무 많이 먹어서 문제지. 그때 술을 많이 배웠죠, 제가. 원래 술을 좋아는 했는데 많이 마시는 편은 아니었거든요. 왜냐면 매일같이 회사 출근을, 서울로 출근을 했었으니까. 안산에 있을 때에는 수원까지 왔다 갔다 했어야 됐고. 그러다 보니까 패턴이…, 또 혼자다 보니까 정확하지 않

소희 아빠 박윤수

으면…. 그리고 저는 남한테 욕먹는 걸 굉장히 싫어해요. 그래서 (한숨) 그랬죠.

면담자   회사까지 그만두고 뛰어드셨는데, 왜 그렇게까지 계속 유가족분들과 함께 노력하셨을까요? 가족협의회를 같이 해야 한다는 것과 함께 다른 이유도 있었나요?

소희 아빠   제 딸아이의 친구들이 지금 다 별이 됐고 그 아이들 때문에 저희 딸이 아파하고 힘들어하고, 그러면 뭔가라도 해줘야 하고. 나중에 뭐… 전 무교지만, [하늘로 가서] 만나게 된다면 정말로 떳떳하게 싸우고 왔다는 소리를 들어야 될 거 아니에요. 애가, 애가 못 하더라도 우리 부모님이 그렇게 했다라고 얘기를 할 수 있어야 된다고 생각을 해요. 저는, 그래서 지금 그러고 있고. 전생이 있는지 없는지는 모르겠습니다, 저는. 유가족 부모님들은 없다고 얘기하시는데, 있으면 이러겠느냐고]. 그래도 먼저 간 아이들한테 창피하지는 않아야 되지 않을까, 우리 아이가.

면담자   다른 생존 학생 부모님들도 계시잖아요?

소희 아빠   계시죠. 그런데 그분들은 못 하시니까, 나름 뭐… 생각하는 차이가 있는지는 모르겠는데 제가 애진 아빠 옆에서 4년을 넘게 같이 일하다 보니까 그런 영향을 받았는지 모르겠지만 '아, 이건 안 하면 안 된다'. 그리고 아쉬운 게 뭐냐면 많은 분들이, 지금 생존 아이들이 나와서 이렇게 [상세하게 증언을] 해줬으면 좋겠는데 그게 안 되는 게 너무 아쉽고…. 아직도 많이 힘들어하니까, 아이들이. 당장 저희 소희도 힘들어 못 하겠다는데 그걸 어떻게 해요?

면담자   유가족분들한테도 그렇고 생존 학생 가족분들에게
도 서운하셨을 거 같아요.

소희 아빠   [가족협의회] 1기 당시에 김현 의원 하고 그거 할[대리
기사 폭행 사건 났을] 때는 이거는 뭐… 그때 제가 느낀 거는 배신을
넘어서 '아, 이건 아닌데', 진짜 같은 부모로서 그렇게 믿었던 분이
그렇게 해가지고. 아니라고 판결은 났지만 그런 것도 어떻게 보면
다 조작이었다고 봐요, 저는. 국가가 어떻게 됐던 간에 참 알면 알
수록 무섭다는 게 느껴지더라고요. '이 나라가 진짜 무섭다, 그런
사람들 때문에 이런 경우가 생겼을 때 이 피해자들이 이렇게 무시
를 당하고, 이렇게 싸워도 안 되는구나'. 저는 지금도… 제가 2016
[2017]년인가요, 16[17]년 5월 4일[3월 10일] 날 나왔잖아요, 동거차
도에서 마지막으로 하고 나서. 그때가 박근혜 탄핵이 됐었어요. 배
타고 나오면서 제가 핸드폰으로 보면서 울었거든요.

면담자   2017년 말씀이시죠?

소희 아빠   17년인가, 아무튼 5월 4일[3월 10일] 그날. 탄핵 딱 했
을 때 방송에서, 울면서 나왔죠. 그 기쁨은 말할 수 없고, 이제 뭔
가 될 것 같다는 생각을 했는데(한숨), 그런데 그게 아니더라고요,
지금 정부나. 그때 정부나, 물론 조금 달라지긴 달라졌죠. '그다지
뭐 그렇게 많이 변하지는 않았다' 제가 하나 느낀 건 딱 그거예요.
'지금 정부나 그때 정부나 똑같이 싸워야 된다' 아직도.

생존자 가족의 소송과 '세월호 3법' 추진 과정

면담자   2014년 6월 30일부터 7월 11일까지 국회에서 국정조사 특위를 하는데 이때 기억나는 대로 말씀 부탁드립니다.

소희 아빠   모르겠는데…, 그것도 잘 모르겠네요.

면담자   이때 청문회 한 번도 안 하고 종료가 됐어요, 재판도 있었고.

소희 아빠   제가 바깥으로만 돌아다녀 가지고(웃음).

면담자   바깥이라면 주로 광주, 진도 이쪽으로 계속 다니셨던 거죠, 다른 일이 있으셨던 건 아니죠?

소희 아빠   아니요, 아니요. 제가 할 수 있는 게 그 사안이었고, 주로 그렇게 했었죠. 위에 일은 애진 아버지나 그때 당시에 C 아빠, 이런 식으로 책임 분담이 되어 있었어요.

면담자   애진 아버님은 서울에 주로 계시고….

소희 아빠   네. 안산하고 서울에 계셨고요. 지방 쪽은 제가 좀 내려갔었고요.

면담자   생존 학생 부모님 중에 광주나 지방 쪽으로 내려간 분들이 계셨어요?

소희 아빠   그때 B 아빠가 같은 분과에 계셨고, 특히 그랬고요.

그 세 분하고 저기 누구 엄마였더라, 어머니 한 분이 또 계셨는데.

면담자   지금은 안 나오시는 분인가요?

소희 아빠   지금은 [배·보상] 합의하고 나서 안 나오시죠. 지금 다 합의하셨어요, 저랑 같이 했던 분들. 미안하다고 얘기를 하는데 미안할 것까지는 없고. 그 집에서 판단하는 거였고.

면담자   소희 아버님은 합의를 안 하신 거예요?

소희 아빠   저요? 저는 소송 갔죠. 그런데 그 뭐랄까, 당연히 소송을 다 가실 줄 알았더만 그게 또 아니더라고요. 〈비공개〉

면담자   생존 학생들에 대한 합의는 또 달랐을 것 같은데요?

소희 아빠   이번에 재판, 저희가 9월 며칠이었더라? 저번 달에 했는데, 역시나 뭐. 법원에서는 그냥 저걸[문제를] 그… 돈으로 보더라고요, 생존자는.

면담자   생존자도?

소희 아빠   역시나, 뭐라 그래야 하죠? 생존자도 '돈 때문에 소송했다'라고 보더라고요. 그리고 2024년까지 아이들이 치료받을 수 있도록 지금 해놨잖아요. 애진 아빠가 그거 하시는 데 굉장히 힘들었어요.

면담자   원래 치료 지원 기간이 5년이었죠?

소희 아빠   네. 그걸 다시 바꾸는데 법원에서는 마치 국가에서 해주는 것처럼 얘기를 하더라고요. 그것 때문에 굉장히 또 화났죠, 제가.

면담자	5년 치료가 언제, 어떤 과정을 통해 2024년으로 늘어난 건가요?

소희 아빠	특별법에는 5년마다 한 번씩 갱신하게 되어 있어요. 5년에 한 번씩 싸우자는 얘기죠, 결론은. 국가는 원래 그거를[피해자 치료] 갖다가 계속 그렇게 해왔기 때문에 그렇게 하는 거고. 그걸 좀 바꾼 게 뭐냐면 [기간을] 2024년까지는 늘려놨는데 거기서 더 [나아가] "저희 소송하는 열여섯 가정만큼은 아이들을 평생 동안 치료를 해라, 국가에서 잘못을 했으니까" 그래 가지고 그게 지금 걸려 있는 게 박주민 최고의원이죠, 관홍이법[세월호참사 피해지원특별법]에 걸려 있잖아요. 거기에 그게 들어가 있어요.

4·16연대[4월16일의 약속 국민연대]하고 민변[민주사회를 위한 변호사모임]하고 회의를 하는데, 제가 거기 회의를 저번 달에 한 번 참석을 했는데[했고] 23일인가 또 참석을 해야 돼요. 그게 걸려 있잖아요, 지금. 관홍이법이 통과가 안 돼가지고 서명이 안 돼가지고 그걸[관홍이법에 대해서] 같이 계속 회의하면서[회의를 하는데], 반대하면[은] 그쪽에서는 "너무 광범위하다". 우린[우리의 주장은] 봉사자하고, 원래 특별법에는 잠수사가 없어요. 그래 가지고 [반대하는 쪽에서는 봉사자하고 잠수사] "두 개를 빼라, 그러면 통과를 시켜주겠다", 딜[협상]을 시도하나 봐요. 박주민 최고위원은 명확하게 "그래

서 관홍이법이다"라고 얘기를 하는데…, 계속 회의를 하고 있고요, 약간 바뀌어가고 있고.

면담자　　소송은 열여섯 가족이 하는 중이네요, 일흔다섯 가족 중에서.

소희 아빠　　원래부터 소송이고 뭐고 다 싫다 해가지고 세 분 정도가 안 하셨고요. 싸움하기도 싫고 지금 아예 안 하겠다 그래서 끝낸 분도 계시고, 나머지 분들은 합의를 하셨고요. 사인을 하고 합의를 하셨고, 나머지 열여섯 가정은 "그래도 가족협의회하고 끝까지 같이 가야 된다" 그래서 같이 소송하게 된 거고요.

면담자　　합의를 한 결과는 어땠어요?

소희 아빠　　아이마다, 여자아이하고 남자아이하고 좀 다르고요. 제가 듣기로는 여자아이들이 조금 더 많이 받고 남자아이들이 조금 덜 받고, 금액 차이는 모르겠고요. 그 이유는 여자아이는 아이를 낳을 수 있기 때문이라고, 약간 좀 많이 받는다고 얘기를 하더라고요. 어처구니[가] 없죠. 그리고 아이들마다 상태에 따라서 금액이 좀 차이가 나죠.

〈비공개〉

면담자　　소송 결과는 언제쯤 나오나요?

소희 아빠　　지금 10월 15일 날. 김×× 선생님, 지금 저희 담당하는 정신의학과 선생님이 계셔요. 그분이 이제 [조사] 끝나셨을 거예요. 아이들[에 대해서] 마지막으로 법원에서 요청한 게 그때 당시에 정신과 치료했던 그거[기록] 하고, 김××선생님이 원래 학교 스쿨 의료 선생님이었잖아요. 그때 거[자료] 하고 지금 아이들 심리 상태를 다시 한번 [검사]하자 그래서 16명 중에 15명이 했고요. 한 명은 아예 거부해 가지고 "안 한다" 그래 가지고 안 했고. "15명 아이들 [검사]한 거하고 그때 당시[의 검사 결과]하고 비교를 하겠다"[고 하니까 그 결과를] 보내서, 그래서 15일 날 김××선생님[이] 먼저 일단 법원에 한번 서실 거고, 29일인가 그때 저희가[저희의 재판이] 그 내용에 대해서 아마 재판이 또 한 번 열릴 거예요. 12월 달 안이면 끝나지 않을까, 저희도. 중간에 한 번 법원에서 부모님들 다, 16명을 모을 거예요. 모아서 어떻게 할 건지 의논을 할 거고, 그렇게 잡혀 있어요, 지금.

면담자   4·16특별법 관련인데요. 2014년 7월 12일 이후 4·16 특별법 제정을 촉구하며 단식 농성과 기자회견이 이어졌습니다. 이때 참여하셨나요?

소희 아빠   네, 참여했죠.

면담자   이때의 경험을 얘기해 주시겠어요?

소희 아빠   그때 누구죠, 그 아버님… 워낙 뭐 저거 했으니까. 그때 가협에서 단식했었고요, 저는 말리러 올라갔죠. 그때 C 아빠가 같이 같은 날 하고 계셨는데, C 아빠가 3일 동안 하셨을 거예요, 아마. 그런데 여기는 그렇게 [유가족들은 따로] 앉아 계시고 우리는 일반인들하고 같이 앉아 있더라고요. 그래서 제가 굉장히 화가 났었어요, 그때. 그래 가지고 애진 아빠하고 같이 올라가서 "내려가자, 하려면 차라리 [유가족과] 같이 옆에 가서 하셔라". C 아빠가 몸이 좀 안 좋으셔서 "이제 그만하시라"고 "그 정도면 됐다"고. 드문드문 번갈아가면서… 원래 저희도 릴레이 [단식을] 할까 생각을 했었는데 "그건 좀 아닌 것 같다" 그래 가지고 제가 막았어요, 하지 마시라고.

면담자　　왜 일반인 쪽으로 앉아 계셨던 거죠?

소희 아빠　　저희가 원래 그래요, 다들 부모님들이. 가족협의회를 같이 하고 있으면서도 한 1년 넘게는 거의 그런 식으로 지냈죠. 그건 어쩔 수 없는 상황이었다고 봐요. 저희가 생존자, 희생자 이런 걸 따지는 걸 싫어하는데 얘기를 하다 보면 어쩔 수 없이 갈라지는 거고…, 생존자와 희생자의 관계는 어쩔 수가 없더라고요. 자식들을 잃은 사람한테 저희 [아이는] 생존했다는… 어떻게 뭔 얘기를 하겠어요. 일단 같이 가야 되는 건 명확했으니까 간 거죠. 그리고 그 안에서 생존자 거를[생존자 부모들의 역할을] 만들어냈어야 되는 거죠. 그러고 지금까지 온 거고.

면담자　　이 시기에 특별법 제정 같은 입법청원 중심 대책 활동이 이루어졌는데 어떤 논의를 거쳐 내려진 결정이었는지 아시나요?

소희 아빠　　그때에도 저는 안에 들어갈 수가 없었던 것 같은데,

들어가더라도 뭔 얘기를 할 수가 없는 상황…. 그리고 그렇게 반복이 되다 보니까 주가[주로] 간담회를 많이 다녔어요, 제가. 분과가 대협분과이다 보니까 그랬던 것 같아요.

면담자　　간담회는 주로 어디로 다니셨어요?

소희 아빠　　뭐, 전국 다죠. 울산도 있고 부산도 있고 대구도 있고 목포도 있고. 무슨 종교 무슨 종교 해가지고 거기도 했었고…, 그리고 전국 버스 투어 서명 그거 있죠. 팽목서부터 10반하고 저희가 같이 처음 내려가서 했고요. 10반에서 요청이 들어왔어요. 그때 유병화 씨가 10반 대표였는데, 10반에서[는] 아버님들이 몸이 좀 안 좋아서 별로 안 계셨어요. 요청이 와서 그때 D 아버님, 저, B 아빠, E 아빠 이렇게 네 명이 내려가서 그분들하고 같이 서명…, 같이 진도서부터 해가지고 쭉 올라와서 광주에서 끝났죠.

면담자　　10반에서 생존 학생 부모님 측에 요청이 왔던 거군요.

소희 아빠　　네, 요청이 왔어요. 그래서 그날 이후로 제가 명예 10반이 됐고요(웃음). 옷이 있어요, 각 반마다 1반부터 10반까지. 뭔 일 있을 때 좀 도와달라면서 한 어머님이 옷을 전해주더라고요. 그래서 받았죠.

면담자　　1반과는 같이 안 하시고?

소희 아빠　　그 당시에 욕을 많이 먹었죠(웃음). 나중에, 지금 보면 1반 대표가 민지 아빠잖아요. 1반에 지성이 아버님도 계시고.

1반에 희생자분들과 저희 생존자[부모] 들 중에 활동하시는 분들이 제일 많아요. 지금 활동하는 사람이 지성이 아버님, 민지 아빠 그리고 사무처장님 그리고 그 외 애진 아빠, 저, C 아빠 다 1반이거든요. 합쳐지면 제일 많아요. 그날[함께 활동하는 날]을 기다리고 있습니다(웃음).

면담자　　　1반에 소속감이 있으시군요(웃음). 8월 19일에 여야 합의로 4·16특별법 제정이 타결되었는데 특별법 제정에 대해 가족대책위 내 의견이 어떠했어요, 반대 외에 소수의견도 있었나요?

소희 아빠　　　당시에 국회에 올라가서 저희가 노숙을 했었잖아요. 그때 김완구[이완구] 씨하고 김재원 씨인가 올라와 가지고 며칠 국회 안에서 자고. 제가 그날 양복 입고 구두 신고 가서 얼마나 발이 아팠는지…. 그런데 말도 안 되게… 역시나 합의를 하려고 들더라고요. "이거 하나 줄게. 니네 이거 내놔" 이런 식이었죠. 그래서 전부 다 거부했죠. "통과 다 해야 한다. 수사권 기소권 다" 그때 당시에 한참 그랬었잖아요. 결론[은] 뭘 하나 빼고 [대신] 뭘 집어넣고. 지금 특조위 2기가 됐지만은 저는 지금 2기도 별로 그렇게 마음에 들지 않습니다. 힘이 없기 때문에, 왜냐면 1기 때 그걸 겪었기 때문에.

면담자　　　그때 특별법 합의 반대 기자회견에도 나가셨어요?

소희 아빠　　　네.

면담자　　　혹시 그때 반대하기로 하는 것에 대해 유가족분들과 생존 학생 부모님들 차이가 있었나요?

소희 아빠   아니요. 무조건 그건 그렇게 되어야 된다고 하나가
됐었고요. 그러니까 가족협의회에서 무언가 [주장]했던 건 무조건
다 그냥 관철이 됐었죠. "그렇게 되어야 된다"라고 다들 한 목소리
였죠. 그것 때문에 많이 싸웠던 거고.

면담자   이때 여름에 굉장히 바쁘셨을 것 같은데 계속 광주
와 진도를 왔다 갔다 하셨나요?

소희 아빠   저는 여름에 하얀 적이 없어요, 얼굴이. 지금도 마찬
가지지만 4년 동안 맨날 새까매져 있었어요.

면담자   9월 17일에 김현 전 의원, 한상철 씨, 김병권 씨, 김
형기 씨, 이용기 씨 등이 연관된 대리기사 폭행 시비가 발생합니다.

소희 아빠   〈비공개〉 같이 족구하고 저희 그런 모임이 있잖아요,
온마음센터에서 해준 게 있는데. 저희 족구팀에 제가 들어가 있거
든요, 축구팀.

면담자   축구팀인가요, 족구팀인가요?

소희 아빠   족구하고 축구하고 같이 하는데, 그날 끝나고 나서
수원, 거기 [4·16]연대에서 오셔가지고 같이 얘기하고 족구하고 끝
난 다음에 뒤풀이를 하러 갔는데 거기에[대리기사 폭행 시비에 휘말
리신] 그분들이 쫙 앉아 계시더라고요. 저는 어차피 얼굴 알고, 저
한테는 뭐 그런[불편한] 게 없으니까 다들 인사하시더라고요. "반갑

다" 그렇게 인사하셨고. 당시에 그 기사는, 거의 하늘이 무너지는 줄 알았어요. '야, 이제 끝났구나. 가족협의회는 이제 끝났구나' 그 정도로 저거 했는데[충격이 컸죠는데] 그래도 따로 잘 챙겨가지고 이렇게 왔네요.

면담자 당시 시비와 관련해서는 어떻게 생각하셨어요? 가협 내부의 반응도 궁금하고요.

소희 아빠 저는 개인적으로는 그거는 약간 뭔가 있었다라고 보고요. 만나서 얘기하면 지금도, 그 당시에 1기 집행위원장이죠. 김병권 위원이 "미안하다, 근데 그게 아니었다" 어쩌고 얘기를 하시는데…, 그분들은 자주 봬요. 와동에 살고 그러서서 전부 다, 그 외 분들도 자주 뵀는데… 거기에 대해서 저는 지금 뭐라 하고 싶지 않아요. 워낙 그때 당시에 잘하셨으니까 나름대로. '거기에 뭔가 연관이 돼서 그렇게 되지 않았나' 그렇게 생각하는 거죠.

면담자 그때 당시 가협 내부 반응 어땠나요?

소희 아빠 난리가 아니었죠, 말 그대로. 그냥 저랑 비슷하게 느꼈을 거라고 봐요, 아마. 욕하고 그랬던 분도 계셨고. 여기 올림픽[기념관에 가협] 회칙 때문이었나, 아무튼 투표 때문인가, [그게] 할 때는 오셨어요. 그때 욕 엄청 많이 먹으셨죠, 막 욕하시고. "이 새끼야, 저 새끼야" 하면서 "나가라" 어쩌고…. 저는 그렇게 생각해요. 어찌 됐건 저찌 됐건 잘했건 못했건 간에 유가족이 아닌[모두 다 유가족이고 피해자잖아요, 지금 물론 합의하신 분도 마찬가지

64

소희 아빠 박윤수

고. 저희는 [4·16]재단이 생겼잖아요, 이제. '가족협의회는 이렇게 가더라도 재단은 다 같이 해야 되지 않나' 그렇게 생각해요. 생존자도 마찬가지고 재단에 다 들어와야 되지 않나.

면담자   아, 재단 쪽으로?

소희 아빠   네.

면담자   11월 7일 법이 통과되는데, 소위 '세월호 3법'인 4·16 특별법과 정부조직법, 유병언법이죠. 이때 유가족 참여 보장을 인정하고 존중을 표시하기도 합니다. 다음 날 부모님들은 국회 농성장 철수도 하고요. 이런 입장이 나오기까지의 과정에 대해 말씀해 주시겠어요?

소희 아빠   박근혜 대통령이 국회에 도착했을 그때인가, 저희 무시하고 가셨을 때죠? 제가 정리를 했어야 하는데 안 돼가지고 이게 막 뒤엉켜 있어요, 많이. 중간에 한 번씩 정리했으면 되는데, 이게 그때 했던가 이때였나 헷갈려 보이죠.

면담자   10월에 검찰이 수사결과 발표하고 사형 구형하고 특별법 합의 등 3법 본회의 통과하고 그다음에 기자회견 하시고…, 선체 수색도 중단하고요.

소희 아빠   선체 수색 중단이요?

면담자   네. 그때 잠수사들이 계속 수색하고는 있었잖아요.

소희 아빠   아, 그때 기자회견 했을 때. 이때에도 저는 거기 팽목에 내려가 있었을 거예요. 기자회견 한다고 할 때에도 제가 그것 때문에, 그날이 제일 힘들었죠 왔다 갔다 하느라고. 법원 왔다 갔다 하고 그게 21시간 그거예요[그날이 21시간 동안 움직였다는 그날이에요].

면담자   팽목에서는 11월까지 선체 수색을 계속 진행하고 있었잖아요. 당시 가협 활동은 주로 국회라든가 서울에서 있었고. 그런데 아버님은 진도나 광주 쪽에 자주 가신 건가요?

소희 아빠   크게 뭐 할 때는, 서울 국회 앞에서 농성했을 때에는 올라와 가지고 거기에 집중을 했었고요. 그런 게 정리가 되면 다시 또 내려가 있었던 거고요.

면담자   팽목에도 많이 계셨어요?

소희 아빠   네. 그 후로부터는 팽목에 계속…, 체육관에서 기자회견하기 전까지는 팽목에 있다가 갑자기 광주, 그때 그날이 아마 법원에서 뭐가 있었을 거예요. 그래서 [광주]법원을 가는데 바로 애진 아빠가 전화 오셔서 "빨리 체육관으로 가야 한다" 그래서 "왜 그러냐" 그랬더니만 이제는 철수 기자회견[미수습자 가족들의 수색 중단 수용 기자회견]을 하시는 거예요, 아홉 분인가, 그때 당시. 바로 [진도체육관으로] 가가지고 어떻게 되었는지 알아보니까 "이제는 그만하겠다" 그 얘기를 하시더라고요. 그거 체육관, 그리고 정리하고 나서도 저는 팽목에 내려가 있었죠, 계속.

면담자　　　팽목에서 있었던 일 중에 기억나는 거 있으세요?

소희 아빠　　워낙 그때 자봉[자원봉사자]분들도 많이 계셔가지고 안 좋았던 것도 있고요. 옷 같은 거 내려오면 메이커는 챙겨가고…, 만나서 얘기를 들어보면 따로 아이들을 도와주기 위해서 그랬다는데. 그런 거 외에는 가족들은[과는] 크게 있었던[문제되었던] 일은 없었던 것 같아요. 초창기 때 방송사들 많았을 때 카메라 몇 대 부수고 이런 것들, 왜냐면 언론 자체에서 정확하게 얘기를 안 해줬으니까. 무조건 "지금 [구조를] 하고 있다, 하고 있다" 얘기를 하는데 실제적으로 거기에 계신 부모님들이 가서 보면 아무도 없었고, 해경은…. 그런 거였죠. 그런 방송을 계속해서… 그 3사 방송에서 계속 내보내고 있었고요. "지금 계속 구조하고 있다" 이런 것들, 오보죠. 그런 상황이었어요.

　　그리고 당시 4월 16일 그 안[진도체육관과 팽목항] 얘기를 대충 듣기로는 그래요. "난장판이었다" 워낙 그랬고. 그래서 [청와대로] 올라오려 그랬더니[진도대교까지 걸어갔더니] 전경 애들이 막고 있었고, 경찰 애들이 그런 거였죠. 그 정도 듣고 나서 다음에 내려갔으니까.

면담자　　　2014년 12월에 4·16특조위 유가족 추천위원으로 상임위원 이석태 변호사 민변 회장 하신 분과 이호준 교수, 장완익 변호사 이렇게 선출하는데, 이와 관련해 가족협의회, 가족대책위 내부 논의 중에 기억나는 거 있으세요?

소희 아빠   저는 그것도 모르겠고요. 대충 얘기로는 그래요. "누가 들어가야 된다" 이런저런 것들 그 정도는 들었던 것 같아요.

면담자   그다음에 세월호 특조위 설립준비단이 출범합니다. 동시에 세금 도둑이라든가, 조사 활동에 대한 무력화 시도도 거세졌고요. 이에 대한 가족대책위 내부 반응이나 대처 논의도 있었을 것 같은데요.

소희 아빠   그것도 잘 모르겠습니다.

면담자   이때에도 가족대책위 논의에는 크게 참여하시지 않으신 거네요?

소희 아빠   할 수가 없었죠.

면담자   2014년이어서요?

소희 아빠   네. 그러니까 2014년 당시에는 감히 어떻게 얘기를 할 수가 없었어요.

면담자   간담회는 계속 진행하시고 왔다 갔다 하신 거잖아요. 그때 일정이나 운영에 관해선 가족협의회에서 내부적으로 정했나요?

소희 아빠   요청이 올 때도 있고요. 4·16연대에서 요청이 오는 것도 있고, 저희한테 [직접] 오는 것도 있고. 그걸 대협분과에서 나누는 거죠. 워낙 간담회가 그때 당시에 많다 보니까 하루에 50명이 나와서 간담회를 해야 돼요. 그러면 이게 다 [충당이] 안 되잖아요.

그래서 요청이 오면, 예를 들어서 울산 그러면 울산으로 한 서너 분이 내려가서 간담회 하시고, 다시 끌고 올라오는 거죠.

면담자   가족들에게는 좀 무리일 수도 있었겠습니다. 간담회 운영이나 일정 조정 등은 가협의 역할이었나요?

소희 아빠   그렇죠. 저희가 대협분과에서 하고 4·16연대하고 같이 회의를, 그때가 언제였더라 일주일에 한 번씩인가 [회의를] 했었을 거예요.

면담자   들어가셨어요?

소희 아빠   네. 대협분과 회의는 제가 들어갔었고요. 거기서 회의를 하면서 간담회 일정을 다 잡았죠. 그렇게 해가지고 추진을 했고요.

면담자   일정을 잡고 섭외하는 역할을?

소희 아빠   섭외라 그럴 것도 없어요. 거의 제가 다 내려갔으니까(웃음).

면담자   다 직접 하신 거군요.

소희 아빠   뭐랄까. 그 부모님들, 생존자 부모님들이 좀 꺼려하셨어요, 많이. 그래도 많은 걸 알리기 위해 다녀야 되기 때문에, 누군가는 했어야 되니까 하고 다녔고. 울산하고 부산 간담회 끝내놓고 다음이 어느 간담회인지 모르겠는데 그 간담회에서 제가 이제 선을 그었죠. "생존자는 간담회 안 한다".

면담자   무슨 일이 있었나요?

소희 아빠   4·16연대에서 실수를 했어요, 저희한테. 전화가 와가지고 "저희는 유가족이 필요하지 생존자가 필요하지 않습니다" 그러면서 "감동이 있는 그런 슬픔이 필요합니다"라고 얘기를 하는 거예요. 제가 굉장히 화가 나가지고 가족협의회에 정확히 항의를 했어요. "지금 이게 뭐 하는 짓이냐, 이게. 생존자들이 간담회 하는 게 당신들보다 더 힘든 거 알고 있냐? 지금 간담회 잘못하면 욕먹고, 더 심하게 [욕]먹을 수 있는데도 용기를 내서 한발 한발 가고 있는데…". [4·16]연대에서 사과를 했는데 저는 선을 그었죠. "이제 간담회 안 하겠다".

면담자   그게 언제쯤이었을까요?

소희 아빠   정확한 기억은…, 울산 끝나고 나서 간담회를 제가 끝냈으니까, 울산하고 부산 건을 두 개를 제가 했어요, 내려가서 두 개 다. 다섯 분인가 내려갔었거든요. 그거 끝나고 나서 간담회를 아예 정리했죠.

면담자   대략 2014년 가을?

소희 아빠   그때 날씨가 되게 추웠던 것 같은데.

면담자   추웠어요? 그럼 거의 겨울인가 보네.

소희 아빠   15년도부터.

면담자   15년도, 그럼 그 전까지는 간담회를.

소희 아빠	많이 했죠.
면담자	몇 회 정도 하셨어요?

소희 아빠   제가… 정확히는 모르지만 40회, 50회? 그리고 저기 뭐야, 우리가 저거 했었잖아요, 삭발식. 그거 하고 나서 제가 울산에 내려갔으니까.

면담자   아, 아버님도 삭발하셨어요?

소희 아빠   네. 그리고 나서 울산 내려갈 때 모자 쓰고. 그때 오마이뉴스인가 나온 게 있을 거예요. 리본이 아빠인가, 연희 삼촌이라고 [간담회를] 잡아주셨고요. 천주교 쪽인가 그러셨을 거예요. 그래 가지고 저희 어머님 중에 한 분이 천주교 신자가 계시는데, 그렇게 해가지고 들어온 간담회거든요. 그래서 했었는데….

면담자   간담회 활동에 대해 당시 느낀 생각이나 평가가 어땠나요, 혹은 그런 생각이 나중에 변화하기도 하셨나요?

소희 아빠   간담회라 그래 가지고 가가지고 정확하게 뭔 얘기를 했는지도 모르겠어요. 기억이 안 나요. 예를 들어서 "1시간입니다"라고 했는데 2, 3시간 넘어가는 경우도 있고, 얘기하다 보니까. 그때 당시에는 많은 얘기를 했는데 뭔 얘기했는지 모르겠더라고요. 유일하게 그거 하나는 기사가 떠가지고 좀 기억나는데, 그것 때문에 소희한테 욕을 많이 먹었죠.

면담자   왜요?

소희 아빠   왜 사진을 찍었냐는 거죠. 그런데 정말로 기자가 있는지도 몰랐어요, 그때 거기서 울산이랑 부산 간담회에 오마이뉴스 기자가 있는지 몰랐어요.

면담자   소희는 사진 찍히는 걸 싫어했나요?

소희 아빠   영상으로도 찍히는 걸 별로 안 좋아하죠. 지금도 안 좋아해요.

면담자   아버님이 찍히는 것도요?

소희 아빠   네. 그게… "아빠도 좀 안 나왔으면 좋겠다" 그거였거든요.

면담자   활동은 열심히 하지만 사진은 안 찍혔으면 좋겠다?

소희 아빠   그래서 제가 뭐 할 때마다 안 보이는 이유가 그거에요. 잘 안 보여요, 저(웃음).

면담자   그와 관련해 대화를 나눠보신 적 있으세요?

소희 아빠   아이한테는 그게 또 트라우마니까, 그래서…. 아니 뭐 방송에 나오자면 한도 끝도 없이 나왔겠죠, 목포MBC부터 시작해서. 목포MBC에서는 김×× 기자가 애원을 해요, 애원을. "제발 좀 인터뷰 한 번만 해달라"고…, 그게 동거차도서부터 그 기자가 처음부터 같이 했잖아요. 제가 동거차도에서 제일 오래 있었고. 그때마다 김×× 기자가 들어왔었거든요. 그때부터 졸랐던 게, 아직까지도 한 번 안 해주냐…(웃음).

면담자	기사에서도 뒷모습 사진이 많으시더라고요.
소희 아빠	네. 절대 앞으로[앞에서는] 찍지 말라고 그랬거든요.
면담자	그건 아버님의 뜻이기도 한 건가요?

소희 아빠　일단 그거는 아이가 싫어하고 저도 별로… 그때 당시에는 그렇게 뭐…. 그리고 MBC가 [동거차도에] 들어와 가지고 저 배인양하고 나서 갔잖아요. 그리고 다음 날인가, 이틀 있다가 MBC인가에서 들어왔어요. 그때는 제가 인터뷰를 했는데 박근혜 탄핵되면 영상을 내보낸다 그러더라고요, 축하 영상 해가지고. 역시나 안나오더라고요(웃음). 그날 이후로 '이런 기분이었구나, 얘가'.

　소희 꺼는 JTBC[에서 방영] 해가지고 몇 개는 있어요. 그때는 제가 좀 설득을 했죠. "네가 나가서 얘기를 해야 되지 않느냐" 그랬더니 학교 앞에서 찍은 영상 좀 있고. 그 JTBC 여기자분도 그때 청운동에서 했을 때 있잖아요. 서너 줄로 둘러싸 가지고 전경들이 막… KBS, MBC인가 쫓아다니니까, 옥상에서 찍고 그런 거…. 그때 당시에 거기까지 오셔가지고 요청하시더라고요. 그래서 소희한테 얘기하니까 그때는 또 "그 정도는 하겠다" 대신 모자이크 처리, 이름 변경하고.

면담자	아, 그래서 검색이 잘 안 됐군요.

소희 아빠　단원고 뭐 해가지고 그렇게 치면 나와요. 지금도 유튜브에 떠돌아다니는 거 있어요, 소희 꺼. 그것도 있고, 영상 보면

초창기 때 깨진 핸드폰 있잖아요, 그게 소희 핸드폰이었어요. 그것도 그때 당시에 어떤 기자가, 물에 살짝 빠져가지고 안 나오는 거[를] 어떻게 말려가지고 다시 카메라로 찍었다고 얘기하더라고요. 그거 때문에 소희가 화가 많이 났는데, 그게 온갖 방송에 굉장히 많이 나왔죠. 그때 당시에 허락도 없이 방송에 내보냈다고…. 그때 그것도[그렇게 한 것도] 기자였대요. 그 기자가 "말려서 고쳐줄게"라고, "부모님하고 통화해야 될 거 아니냐"고 그런 식으로 [아이를] 구슬려[서 휴대폰을] 가져가 가지고 그 영상을 찍었다고 얘기하더라고요. 참 못됐죠.

면담자   오늘은 2014년에 대해서 주로 여쭤봤는데요. 혹시 2014년 당시를 기억하실 때 빠진 것이나 이건 더 얘기해야겠다는 게 있으신지요?

소희 아빠   2014년도에… 너무 많아서…(웃음).

면담자   동거차도에 들어가게 되는 건 2015년 본격적인 인양과 관련해서죠?

소희 아빠   네. 9월 1일 들어가… 원래 [8월] 25일 날, 사전에 지성이 아버님하고 애진 아빠하고 저하고 갔었고요, 그 장소에. 그 전에 한 번 더 갔었는데 그땐 제가 못 갔고. 25일 날인가 가서 26일 날 나왔는데 한 번 [초소 설치할] 자리 보고[자리 보는 데] 실패했죠. 지성이 아버님이 엉뚱한 데로 데려가 가지고, "이 산이 아닌가?" 하는 유명한 얘기가 있어요(웃음).

면담자   그게 무슨 얘기예요?

소희 아빠   여기 동거차도[에서 인양 작업 감시하던] 돔 있던 데 있
잖아요, 거길 갔어야 하는데 옆 산으로 갔어요.

면담자   거길 어떻게 올라가셨어요, 당시에 길이 있었나요?

소희 아빠   없었[죠]. 그러니까 길을 못 찾으시더라고요. 밤에 해
떨어져 가지고 내려왔는데, 안 되니까[찾을 수가 없어서]. 그래서 내
려왔는데 포기했죠. 엉뚱한 산[엘] 갔다 왔어요.

면담자   이번에 저희 구술팀도 올라갔는데 몇 달 안가니까
길이 없어졌더라고요. 어떻게 올라가셨어요?

소희 아빠   처음에 도착해 가지고 8월 31일 날 저희가 출발했잖
아요, 팽목에 도착하고… 처음 지을 때.

면담자   처음 지을 때가 8월 31일이었네요.

소희 아빠   네. 그때 갔을 때에는 [천막이] 세 개가 있었고요, 원
래. 파이프로 된 게 하나, MBC 건지 어디건지 아무튼 그랬고, KBS
와 MBC 세 방송이 [참사] 당일 거기서 찍고 있었답니다. 그래 가지
고 가니까 그게[천막이] 있었는데 두 개는 너무 약한 거라 날아가서
다 망가지고 하나 남은 게 파이프 그거였고요.

면담자   그 기자들이 해놨던 거네요, 촬영하려고?

소희 아빠   네. 그걸 당시 [동거차도에 사는 이옥영] 형님한테 얘기

를 들었고요. 그다음에 [동거차도에] 학교 있잖아요, 거기를 군 막사처럼 만들어놓았잖아요. 군인들이 거기에 있었대요.

면담자　　아, 그때요?

소희 아빠　　네. 특전사라고 얘기를 해주시는 것 같더라고요. 인원이 꽤 많았던 거 같은데요. 제가 한번 폐기물 땐다는[태운다는] 거기 한번 들어가 봤어요. 혹시나 부모님들 오시면 쓸 수 있나 해가 지고 확인하러 들어갔는데 그렇게 [막사처럼] 쫙 되어 있더라고요.

면담자　　군인들이 참사 당시에 썼다는 거예요?

소희 아빠　　네. 그날 거기 당일 다 들어왔었대요. 그 많은 군인들이 거길 왜 와 있었는지는 저도 모르죠. 지금 보면 기무사[국군기무사령부] 얘기도 있고 그러잖아요, 특전사[특수전사령부]도 얘기도 있고. 그런데 특전사 같다고 얘기를 하더라고요.

면담자　　이 얘기는 처음 듣는 얘기예요. 저희도 학교는 가봤는데….

소희 아빠　　그래요? 그 당시에 마을 주민… 마을에 계신 형님이 얘기를 해주신 거고요. 자기네들도 군인들이 그렇게 들어온 걸 처음 봤대요. 학교를 갖다가 그렇게 내무반처럼 만들어놓고 거기서 자고 그러고 갔다는….

면담자　　4·16 당시나 그 이후에?

소희 아빠　　네. 한참 있었다고 얘기를 하더라고요. 그것 때문에 그 이장, 지금의 이장이죠, [동거차도] 2구 이장님이 많이 싸웠다고 그러시더라고요. 저희는 뭐 워낙 많이 들어가지고, 그런 얘기는 거기서…. 당시에 그날 뭐 해가지고 동거차도에 불도 났었고, 조명탄 때문에.

면담자   불이 났었다고요?

소희 아빠   네. 조명탄이 산으로 떨어져서 불이 났었대요. 그래 가지고 저희가 갔을 때 나무가, 소나무가 다 죽어 있더라고요. 왜 그런가 했더니만 그 얘기를 해주시더라고요. 조명탄이 바람에 날려 떨어져 가지고 불이 났었다고. 우측 큰 돔 그쪽 방향으로 불이 났다고.

면담자   동거차도 주민분들 증언을 다시 들어야 될 것 같네요.

소희 아빠   그런 얘길 못 들으셨나 보네요?

면담자   네. 이런 얘기는 못 들었어요.

소희 아빠   그 저기 누구야, 옥영 형님 있잖아요. 그 형님이 말씀해 주신 건데, 엉뚱한 거 물어보셨네요.

면담자   오늘 2시간 정도 말씀을 들었습니다. 사실 2015년부터 더 많은 활동을 하셔서 중요한 이야기도 많을 것 같습니다.

소희 아빠   활동을 많이 했는데 기억이 안 나서 어떡하죠?

면담자   기억을 한번 되새겨 주셔서 다음 만날 때 얘기를 해주시면 어떨까요?

소희 아빠   네. 다음에 하는 걸로(웃음).

면담자   그럼 오늘은 여기까지 하겠습니다. 감사합니다.

2회차

2018년 10월 16일

1
시작 인사말

면담자 　　　본 구술증언은 4·16 사건에 대한 참여자들의 경험과 기억을 기록으로 남김으로써 이후 진상 규명 및 역사 기술에 기여하고자 합니다. 지금부터 박윤수 씨의 증언을 시작하겠습니다. 오늘은 2018년 10월 16일이며, 장소는 안산시 단원구 4·16기억저장소입니다. 면담자는 장원아이며, 촬영자는 방승현입니다.

2
생존 학생의 연수원 입소와 생존자가족협의회 활동

면담자 　　　오늘 2차 증언인데요, 지난번에 2014년 4월 16일 이래의 일들을 주로 여쭤봤었어요. 그때 생존 학생들이 모두 연수원에서 생활했다고 하셨는데, 그때 연수원에서 생존 학생 부모님들도 함께 계셨던 거잖아요. 그때 어떤 일들이 있었는지 기억나는 대로 얘기해 주실 수 있으세요?

소희 아빠 　　　일단은 연수원… 병원에서, 고대병원에 아이들이 있을 때 부모님들이 모여서, 고대병원 강당이 있거든요, 큰 게. 모여서 어떻게 할 것인지를 갖다가 의논을, 서로 얘기를 해서 회의를 했죠. 그래서 결정 난 게 "연수원으로 들어가자. 학교를[에] 바로 안 데리고 가고", [학교개] 너무 어수선해 가지고. 연수원에 들어갔는데… 그 안에서 부모님들은 부모님대로 회의를 하고 있었고요. 아이들은 아이들끼리 또 있었고. 정신과, 정신요양과 치료 선생님들이 오셔서 아이들은 따로 치료하시고 뭐 그런 상황이었죠.

그리고 아이들이 일단은 기억을 잊어먹으면 안 되니까 개인 영상을 녹화해 놓은 게 있고요, 그때 당시 사고 났을 때 [증언을]. 그때에도 아마 여기 저장소[4·16기억저장소] 소장님[사무국장]인가 직접 오셔서 하셨을 거예요. 개인 한 거 있고 그룹, 아이들 방에 모여 있던 아이들 [그룹으로] 그런 영상도 찍었고 전체 영상도 찍었고. 그런데 그게 법원에서는 안 됐죠, 증거로 채택이 안 됐어요.

면담자   왜요?

소희 아빠   당시에는 그렇게 영상[으로] 찍은 그런 거는 안 된다고 아마 알고 있었던 거 같아요. 그리고 아이들이 광주법원에 갔을 때도, 두 명 아이들도 증인이 [될 수] 없다고… 그래서 그것도 거절당했고요. 갔는데 별로… 그게 안 됐죠, 채택이.

면담자   영상을 찍었다고 하신 게 어떤 영상을 말씀하시는 건지.

소희 아빠   당시에 사고 났을 때서부터 시작해 가지고 아이들이 기억나는 대로, 그런 영상을 다 찍어놓았죠.

면담자   아, 증언 영상이요?

소희 아빠   네.

면담자   부모님들도 그 자리에 같이 계셨어요?

소희 아빠   아니요. 그때 당시에 아이들이 좀 거부감이 많으니까, 부모님 계시면은. 애진이 아빠하고 그때 여기[4·16기억저장소] 소장[사무국장]님하고 카메라 감독님하고만 이렇게 셋이서 들어와서 찍은 걸로 알고 있어요. 그게 아마 지금 저희 [가족협의회] 자료실에 있을 거예요.

면담자   네. 그때 부모님들은 따로 모임을 만든다든가 이런 게 시작이 됐나요?

소희 아빠   그렇죠. 그 안에서도 계속 이렇게 "아이들을 어떻게 할 것인가", 회의는 계속하고 있었죠. "앞으로 어떻게 [해]나갈 것인가, 그리고 여기 얼마나 있어야 되는 건지" 그런 것부터 시작해 가지고….

면담자   혹시 그런 건 누가 주도를 하셨어요?

소희 아빠   그건 애진이 아버지가 하셨죠, 그때에는. 그때 당시에는 연수원에 있을 때 임시 대표였던 거죠, 고대병원서부터 해가지고, 누군가는 해야 되기 때문에. 그런데 마침 애진이 아버님이 그때 좀 이렇게… 다들 모아서 그런 분위기로 좀 가셨죠. 그래 가지고 한 1년 넘게 대표를 하셨죠, 애진이 아버님이.

면담자   연수원에서 애진이 아버님을 처음 만나신 건가요?

소희 아빠   고대병원에서 만났죠. (면담자 : 고대병원에서요?) 소희가 병원을, 한도병원에 따로 있었으니까. 고대병원은 아이들을 갔다가 외출을 다 금지시켰어요. 한도병원에[서]는 [소희가] "아이들을 만나고 싶다"[고] 하니까 병원에서 선생님이 "갔다 오셔도 된다"고 그래서 한 세 번인가 갔는데, 두 번 갔을 때는 못 만났는데 세 번째 그때 가서 애진이 아버님을 만났죠. 소희를 많이 찾았다고 그렇게 얘기를 하시더라고요. 그래서 연수원 저건데 "강당에 한번 오셔야 될 것 같다"고 그래서 회의를… 마지막 병원에 나올 때 회의를 했었죠, 아침에. 거기에서 "이제 연수원으로 들어가셔야 된다"고 그래 가지고 아침에 가서 같이 아이들 전체를 버스 대절해서 고대병원에서 같이 연수원으로 바로 들어간 거죠.

면담자   연수원에서는 부모님들이 계속 침식을 같이 하신 거잖아요, 그러면 일과가 어떻게 됐는지 기억나세요?

소희 아빠   일단은 연수원에서는 아이들이 미성년자기 때문에 부모님들이 다 계셔야 된다고 그랬기 때문에 아이들… 부모님들은 아이들이 약간 좀 치료받을 때는 같이 모여서 계셨고요. 그니까 3층, 4층 층수가 있어요. 그러면 거기를 반으로 나눠서 조그만 강당이 하나 있거든요. 거기 아이들 좀 나가서 치료 그런 거 할 때는 거기 모여서 서로 만나서 얘기하고, 그다음에 전체 다 할 때는 거기 또 강당에서 또 모여서 회의를 하고 그랬죠.

면담자   회의는 어떤 내용이었고요?

소희 아빠   주로 그런 거죠, 앞으로 어떡할 건지. 그리고 그 당시에 그리고 뭐… 아는 걸 좀 정리를… 정리라 그래야 되나? 아무튼 뭐 앞으로 어떻게 할 것인가를 갖다가 계속 그런 회의만 했죠. 아이들이 학교를 언제 가야 되는[지], 다시 보내야 되는 건지…. 그리고 지금 상태 "우리 애는 어때요" 이런 거 서로 [대화하고]. 그때 당시에 연수원에서 사이렌 소리 있잖아요. 그게 몇 번 나가지고 애들[이] 너무 놀라가지고 또 새벽에 난리가 난 적도 있었고. (면담자 : 왜요?) 자동… 그러니까 말은 잘못 울렸다고 얘기하는데 망가져서 그런 건지 어쩐 건지. 그래 가지고 그 소리 때문에 애들이 막 우는 애들도 있었고, 여자애들이. 학교에 있을 때도 그런 게 몇 번 있었는데 그때도 애들이 많이 놀라더라고요, 그런 소리…. (면담자 : 트라우마가 생긴 거네요) 그래 가지고 그런 거 있을 때마다 모여서 관계자분하고 얘기 나누고, 앞으로 좀 부탁 좀 드리고 아이들이 너무 놀라니까. 그리고 선생님들도 그때 당시에 새벽에도 오시고 그랬었죠. 애들이 너무 놀라가지고.

면담자   애들 진정시키려고 선생님들이 오시는 거예요?

소희 아빠   네. 여자애들은 울고불고 난리가 났었으니까요, 그거 때문에.

면담자   참사 때 생각이 났나 봐요?

소희 아빠   네, 그런 거죠. 고대병원에서도 제가 듣기로는, 아마 고대병원에 보면 엘리베이터 있는 쪽이 약간 좀 배랑 비슷하대요, 창문하고 이렇게 [창]살로 돼가지고. 그런데 거기서도 애들이 그거 보고 많이 놀라[고] 되게 힘들어했다[고] 그러더라고요. 그래서 아예 그쪽으로 못 가게 그냥 다들 [막았대요], 고대병원에서는. 소희 같은 경우는 "이리로[고대병원으로] 오라"고 했는데 소희가 안 갔어요, 병원을. 너무 비슷하다고 그래 가지고 소희도 싫다고 그러더라고요.

면담자　　　한번 갔을 때 그거에 놀라서 계속 한도병원에 있겠다고 한 거군요. 그러면 연수원 강당에 모여서 회의를 할 때 주로 애진이 아버님이 주도하셨나요?

소희 아빠　　　그렇죠. 애진이 아버님이 하고 그다음에 당시에 그 언론 담당이라고 심리생계분과 담당이었을 거예요, 그때가…. F 아빠. 그분은 지금[은] 합의해 가지고 가셨는데 그때 당시에는 그 담당하고 계셨어요. (면담자 : 지금은 안 나오시나 봐요?) 지금은… 그니까, 이 소송 합의하고 나서 지금은 서로 만날 수가 없죠. 워낙 다르기 때문에, 가는 방향이.

면담자　　　심리생계나 이런 분과들은 연수원에서 생긴 건가요?

소희 아빠　　　그렇죠. 그렇게 해가지고 나와서 학교에서는 벌써, 저희는 이미 다 꾸려져 나온 거죠.

면담자　　　연수원에 있을 때 생존자 가족 모임의 구조가 짜인 거네요.

소희 아빠　　　네, 그렇게 쭉 가면서. 병원에서도 일단은 애진이 아버님이 주도를 하셨고요, 그때 당시에는. 그리고 연수원에서는 어느 정도 이걸 하면 "이렇게 만들어야 된다"라고 얘기를 하셔서. (면담자 : 어떻게 만들어졌어요?) 그냥 생존 학생 학부모 뭐 해가지고, 지금은 학부모잖아요? 그런데 그때 당시에는 생존학생가족협의회 이렇게 해가지고 만들어졌었죠. 그런데 유가족의 가족협의회가 만들어지면서 저희 거는 이제는 '없애야 된다' 생각해서 [유가족가족협의회에] 같이 들어가게 된 거고요.

면담자　　　생존자가족협의회에는 어떤 분과가 있었어요?

소희 아빠　　그때는 제가 법원을, 광주법원하고 팽목하고 이런 데를 다녀가지고 그때 법원분과인가 그랬을 거예요, 제가. (면담자 : 법원분과?) 그리고 심리생계분과, 언론분과.

면담자　　　심리생계랑 언론은 따로예요?

소희 아빠　　아니요. 같이 하셨어요, 그때. 그리고 애진이 아빠가 그때 대표를 맡으셨고 그… 제가 대협[대외협력]분과였고요. 그러니까 법원분과였고. 학교에서 저기 그… 유가족하고 합치면서 대협분과로 바뀌었죠, 법원분과[가].

면담자　　　그러면 분과가 법원분과, 심리생계, 언론분과. 또 다른 것도 있었나요?

소희 아빠　　그때 애진이 아빠[가 대표]하고 C 아빠가 부대표 하셨고요. 그때 학교에 들어갈 때 저희 이렇게 [기자회견문] 낭독했잖아요, 아이가. (면담자 : 네) 그때 부대표가 아마… 그걸 마저 읽었을 거예요, 애가 못 읽어서.

면담자　　　낭독했을 때 상황을 다시 얘기해 주시겠어요?

소희 아빠　　학교… 그러니까 아이들이 학교로 다시 가자고 결정을 했을 때에 저희도 아이들이, 당연히 아이들 생각이 우선이라고 생각했고. 그래서 6월 25일인가, 26일 날 아이가 학교로 돌아갔잖아요. (면담자 : 네) 그날 벌써 유가족한테 요청을 드렸죠. "와서 부모님들이 이렇게 오셔서 아이들을 반겨줬으면 좋겠다". 그래 가지고 아이들 차에서 내리면서 그때 유가족이 양쪽에 쭉 서 계셨잖아요, 애들 다 안아주고 그랬던 거….

　　요청을 하니까 또 그때 당시에 많이, 되게 싫어하는 부모님도 계셨는데 그래도 많이 나오셔 가지고 그때…. 저도 뭐 많이 울었죠, 그날(웃음). 일부에서는 미쳤다고 그랬어요, 저희보고. 애들 학교에 벌써 보낸다고. 그런데 아이들, 그 아이들끼리 회의를 했는데 그게 결정이 난 거라. 저희도 아이들…에 따라야 한다고 생각했어요, 부모님들은. 그래서 6월 26일인가 학교로 돌려보낸 거죠.

면담자　　　아버님은 그때 아이들이 학교에 돌아가야 한다는 입장이셨어요?

소희 아빠　　아뇨. 저희 부모님들은 어떻게 할 건지… 더 있을 수도 있었는데, 아이들이 결정한 거니까. 제 생각은 '그게 맞다면은 아이들 생각이 맞다고 생각한다'. 그래서 거기[아이들의] 결정을, 저도 동의를 했죠, 그때.

면담자   생존자가족협의회가 만들어질 때 유가족협의회 쪽
이랑 연결 같은 게 있었나요?

소희 아빠   그때 당시에는 애진이 아빠하고 저하고 부대표하고
는 계속 왔다 갔다 했죠.

면담자   세 분은 연수원에 계실 때부터 계속 왕래하신 건가요?

소희 아빠   네. 좀 나갔다가 들어왔다가. 애진이 아빠가 주로 나
갔다가 많이 좀 뵙고, 아이들이 학교[로] 돌아간다 그래 가지고 그
때 당시 사무처장이었던 상호 아빠, 유가족 사무처장이었거든요.
사무처장한테 얘기를 하니까 "그러면 당연히 우리 가족도, 유가족
도 가서 아이들을 반겨줘야 되는 게 맞다" 그래 가지고. 그분이 좀
도움을 많이 해주셨죠. (면담자 : 그 당시에요?) 네. 많이 도와주셨어
요, 그때 사무처장님이 유가족협의회에 있을 때.

면담자   도움이라 하면 어떤 것들이 있나요?

소희 아빠   아이들이 다시 저거 할[안정될] 수 있게끔 많이 도와
주셨고요. 운동화가 됐든 뭐가 됐든 하나라도 해주려고 당시에 그
렇게 하셨죠.

면담자   당시에 기자나 활동가와도 계속 접촉이 있잖아요.
생존[자] 부모님이나 생존 학생들에게도 찾아왔나요?

소희 아빠   그때 저희는, 그때 그 언론 담당하시는 아버님이 하
셨고. 주로 그분이 하셨죠, 애진이 아빠하고 둘이서. 연수원에 있을

때도 저쪽 산에 보면 정자가 하나가 있어요. 거기서 아이들 왔다 갔다 하는 거 카메라로 당겨가지고 찍은 것도 있고요. (면담자 : 동의도 안 받고?) 네. 그런 기자들도 있었고.

그런데 그런 거에 아이들이 상처 많이 받았잖아요. 기자가 됐든 TV가 됐든 뭐… 그거 때문에 애들이 거부감이 좀 많이… 그런 거 차단하느라고 좀 힘들었죠. 요청은 엄청나게 왔죠. 인터뷰를 하든 뭐라도 하자고. 근데 다 걸렀죠, 저희가 잘라서 "지금은 안 된다". 나중에 학교로 돌아와서는 인터뷰를 몇 개 하고 그랬을 거예요. 애진이 아빠하고 F 아버님하고 부대표도 좀 했었고요.

면담자   당시 아이들이 학교로 돌아가자고도 하고, 7월 국회 농성하고 있을 때 (소희 아빠 : 도보요?) 아이들이 도보도 하고, 편지를 다 써서 보냈다고 하더라고요.

소희 아빠   네. 그때 그… 도보도 [아이들이 직접] 결정을 했고, 그리고 부모님들도 다 허락해 주신 거고요. "너희들이 하고자 하면 하자" 그래서 길잡이 해가지고, 제가. 저하고 D 아빠하고 당시에 몇 분 아버님들하고 같이 도보를 했죠, 광화문까지.

면담자   아이들은 몇 명 정도 참석했나요?

소희 아빠   그때 아이들 거의 다 갔을 거예요. (면담자 : 생존 학생들 거의 다?) 네. 75명 다는 못 했고요. 몇 명, 뭐 때문에 개인 사정하고 그거 때문에 좀 빠진 아이들이 있고. 그때 탁구부인가요? 탁구부인가 그 학생들은 경기인가 있어 가지고 같이 참여 못 했고.

소희 아빠 박윤수

그러니까 수학여행을 못 간 아이들이 있어요. 그 아이들은 자기네들이 그래서 그런지[불편한지] 빠지더라고요. 그래 가지고 한 60명, 정확히 인원은 모르겠는데 꽤… 거의 다 온 걸로 알고 있어요.

면담자   소희도 같이 갔죠?

소희 아빠   네. 소희는 중간에 너무 힘들어 가지고 앰뷸런스 타고 갔죠(웃음). 허리가 너무 아파 가지고 그때. 그래도 가겠다는데 그걸 못 가게 할 수는 없잖아요, 반깁스한 애도 걸어갔는데 뭐. 그때도 도착했을 때는 유가족분들이 꽃까지 뿌려주시고…. (면담자 : 꽃이요?) 네, 바닥에다. 국회 앞에 거기 이렇게 망[바리케이트] 있잖아요? 아이들 올라오는데 그렇게 해주셨죠.

면담자   혹시 그 후에 생존 학생들이 한 다른 활동이 있나요?

소희 아빠   아이들이 원래 도보도 하려 그랬었고요. 십자가 업고 하신 아버님[승현 아빠 이호진] 계시잖아요? 거기도 몇 명 애들이 따라간다고 그랬었어요. 그런데 겨우 말렸죠. (면담자 : 왜 말리셨어요?) 상태가, 아이들이 그때는 학교에서도 적응을 잘 못한 상태였고, 뛰어다니고 소리 지르고 그랬으니까.

그래서 "그건 아니다". 물론 안산에서 팽목까지 도보는 저 혼자 했지만…. 소희하고 약속, 그것도 있어 가지고 제가 한 거지만 아이들은, [전체 일정이] 20일이었잖아요. 너무 길잖아요. 제가 해보니까 너무 힘들어 가지고. 그거 했으면 애들 아마 되게 힘들어했을 거예요. 중간중간에 들르면서 그런 것도 그렇고.

거기다가 또 유가족분들이 도보를 하는데 원치 않은 것도 있었어요. "아이들을 보기가 힘들다, 그래서 안 했으면 좋겠다" 그런 것도 있었고요. 부모님들, 유가족 중에도 아직도 아이들 보면 힘들어하는 부모님들이 계세요. 그런 건 좀 약간 배제를 했죠. 회의를 해서 "이건 좀 아닌 것 같다". 그런 건 배제를 하고.

기자회견도 마찬가지로 G가 그때 [생존 학생] 대표였잖아요? G가 낭독하고 이런 거 단상 위에서 올라가서 하고 그랬었잖아요. G가 지금 너무 많이 힘들어져 가지고 아예 시골로 내려갔어요, 지금. (면담자: 지금요?) 네. 그게 트라우마가 너무 심한 거죠, G가.

면담자   그 당시에는 활발하게 할 수 있었는데 나중에 더 힘들어진 건가요?

소희 아빠   네. 대표를 맡으면서 아이가 그런 것들, 요청이 많이 오니까 많이 힘들어하더라고요. 나중에 "이건 좀 아닌 것 같다" 그래 가지고 아예 다 끊었죠. 그 몇 주기였죠? 2주기인가, 1주기인가. 그때 그래 가지고 너무 힘들어해 가지고, 애가. 지금은 엊그저께 재판 때 봤는데 많이 밝아졌더라고요. 어머님이 시골로 아예 애를 데리고 내려갔어요, 다 접으시고 그냥. 안산에서 이사 가신 거죠.

면담자   아, 그렇군요. 그러면 도보 때는 생존 학생 부모님 중에서 아버님 혼자 하셨어요?

소희 아빠   네, 도보는 저 혼자. 그때 당시에 도보를 하려고 생각을 했는데 부모님들이 아이들이 있으니까 다들 힘들어하시더라고요. 그럼 제가 "혼자 하겠다" 그랬죠. 그것도 있었고 소희가 또 자기도 도보를 하겠다 하니까 "그럼 아빠가 할 테니까 너는 제발 좀 치료나 받고 있으라"고 그랬었죠.

면담자　　치료하는 데 시간이 꽤 걸렸죠?

소희 아빠　　지금도 힘들어하고요, 아파하고. 그리고 일단 말을 안 하니까 그런 거에 대해서, 그게 좀. 병원에 가도 같이 치료를 해야 되잖아요. 정신교육과 선생님이 같이, 아이하고 저하고 하는데 별로 그렇게 좋아하지 않더라고요. 그래서 나중에 소희 혼자 좀 하고. 아이하고 같이 생활하면서 그걸 좀 해야 하는데 신경을 쓰면 아이는 너무 싫어하는 거야. 왜 이렇게… "좀 냅둬라" 이런 식으로.

전체가 다, 생존자 부모님들이[은] 아이들이 이렇게 겪고 나니까 다들 예민해져 가지고 너무 아이한테 신경을 쓰는 거예요. 그거는 아이들이 너무 싫어했고, 병원에서 하는 소리는 "신경을 안 쓰는 척하면서 신경을 굉장히 써야 된다"고. 이게 어떻게 해야 되는 거예요? 너무너무 힘들었어요, 진짜. 어우(한숨).

면담자　　치료라는 게 심리치료도 같이 하면서 디스크나 다리 (소희 아빠 : 물리치료) 물리치료도 같이 했나요?

소희 아빠　　다리는, 못에 찔린 데는 나중에 치료가 되어서 완치가 됐는데, 허리디스크는 이게 평생 간다고 그러더라고요. 그런데 문제가 뭐냐면 물리치료를 좀 받았으면 좋겠는데 아예 병원 자체도 싫어하고. 어저께 짐 싸면서 봤는데 약이 박스로 하나, 안 먹은 거죠. "너 왜 안 먹었냐" 그러니까 지금은 얘기하는 게 그걸 먹으면 정신이 멍멍해진대요. 그리고 공부도 집중이 안 되고 그래 가지고 아예 안 먹었다고 그러더라고요. 〈비공개〉

3
2015년 1기 특조위와 4·16특별법 제정 당시 활동

면담자　네. 2014년에 있었던 일에 대해서 다시 한번 여쭤보려고 했던 거였는데, 혹시 지난번에 얘기했던 것 중에 빠졌다거나 그런 것들 있으면 더 말씀 부탁드릴게요.

소희 아빠　지난번에 뭔 얘기 했는지 모르겠어요.

면담자　(웃으며) 네. 그러면 오늘 하려고 했던 걸 여쭤보도록 하겠습니다. 먼저 간부로서 직책을 맡으시고 여러 회의에 들어가시잖아요. 어떤 직책들을 맡으셨는지 쭉 이야기를 해주시겠어요?

소희 아빠　저희가 학교에 6월 달에 아이들을 저거 하고[복귀시키고] 그다음에 학교에 사무실을 차려놓고, 그때 당시에 저는 법원분과를 먼저 시작했고요. 그게 나중에 좀 지나서 유가족가족협의회하고 합쳐지면서 대협분과로 바뀌었고 그리고 인양분과가 생기면서 제가 인양분과팀장으로 들어갔고요.

면담자　인양분과가 생긴 게 2015년이었던 건가요?

소희 아빠   네, 그 정도 될 거예요. 그 팀장으로 있었고 대협분 과를 내린 상태였고요. 마지막에 동거차도 정리하고 나와서 생존 자 대표를 3월 달에, 올해 맡은 거죠.

면담자   동거차도 정리하신 게 2017년 5월이죠?

소희 아빠   5월 6일인가, 4일인가 박 대통령 탄핵했을 때, 그날 이었어요[2017년 3월 10일].

면담자   그러면 2015년부터 2017년까지 약 2년간 인양분과 팀장을 쭉 맡으셨던 거고요. 주로 동거차도와 팽목….

소희 아빠   팽목, 동거차도. 그러니까 인양분과가 담당했던 게 뭐냐 하면 동거차도, 팽목 그다음에 신항, 목포 신항. 배에 대해서 다 관련… 그런 걸 했었던 거죠.

면담자   다 꿰고 계시겠네요? (소희 아빠 : 아니요) (웃으며) 이 따 여쭤볼 거예요. 그리고 동거차도 감시초소를 정리한 후에는 나오 셔서 쭉 인양분과팀장 하시다가 올해부터 생존자 대표가 되셨네요.

소희 아빠   네, 생존 학생 학부모 대표가 된 거죠. 이름을 바꿨 어요. 원래 생존자 대표였는데 아이들이 성인이 되고 나서 제가 되 면서 이름을 바꿨죠. 생존 학생 학부모 대표로.

면담자   아이들이 직접 대표가 되거나 하는 그런 움직임도 있나요?

소희 아빠   지금 아이들 대표 있고요, 총무도 있고 다 있어요.

아이들 또 19명이 따로 하고 있고요.

면담자 　　　아이들도 가족협의회 소속인 거예요?

소희 아빠 　　　아이들은 일단 가족협의회[에서] 해가지고 다 지원을 해주려고 했었는데 "그러고 싶지 않다" 그래 가지고 아이들이 따로 사무실을 해가지고 하고 있어요.

면담자 　　　사무실도 냈어요?

소희 아빠 　　　네. 그것 때문에 저희가 광주 가서 그거 뭐야, 저것도 했잖아요. '쉼표'[생존 학생 쉼터] 만들 때 부모님들하고 광주 가서 일일밥집인가 해가지고, 사천몇백만 원인가 해가지고 '쉼표'를 만들어준 거죠. 학교 앞에 거기.

면담자 　　　쉼표는 지금 단원고 앞에 있나요?

소희 아빠 　　　네. 그거 해가지고…, 원래는 계속 그런 걸 만들어서 학교마다 그런 걸 해주려고 했는데 그게 쉽지가 않더라고요. 그 학교는, 지금은 '쉼표'는 단원고 지금 [다니는] 그 아이들한테 물려줬고요. 애들이 좀 바뀌었기 때문에. 거기는 계속 아이들이 쓸 수 있는 공간으로 지금 두었어요.

면담자 　　　그러면 단원고에서 갖고 있는 거예요?

소희 아빠 　　　쉼표는 그냥 자체운영이 되는 거죠.

면담자 　　　자체운영으로, 단원고 학생 후배들에게 물려주고 그냥 쉴 수 있는?

소희 아빠　　　그리고 저희도 가끔가다 회의할 때는 거기서 할 때도 있고요. 그리고 저희 또 온마음센터에 모임이 있잖아요. 회의할 데가 마땅치 않으면 거기서 회의하고 그래요. 아이들이, 가끔가다 거기 놀러 가는 아이도 있고요.

면담자　　　그렇군요. 나중에 다시 또 여쭤보도록 하겠습니다. 그러면 주로 법원분과, 대협분과, 인양분과 그리고 현재 생존 학생 학부모 대표 이렇게 활동을 하고 계시고요. 직책과 관련된 거를 중점적으로 얘기를 해주시면 되고, 관련이 조금 없는 경우에도 기억나는 대로 말씀해 주시면 됩니다. 2014년은 지난번에 간담회 활동이라든가 여러 가지 질문을 드렸었어요. 법원분과 활동은 지금은 종료가 된 건가요?

소희 아빠　　　지금… 종료가 된 게 아니라 이름이 바뀐 거죠. 원래는 법원분과라는 게 맞지 않고요, 대협분과가 맞는 거고. 유가족 [협의체개] 생기면서 이게 대협분과로 가족협의회가[안에] 만들어졌잖아요. 당연히 따라가야 한다고 그래서 법원분과를 갖다가 대협분과로 바꿨죠.

면담자　　　그러면 인양분과 시작하시기 전에 법원분과 활동은 주로 뭐였나요?

소희 아빠　　　법원분과가 하는 게 뭐였냐면… (면담자 : 네, 얘기해

주시겠어요?) 광주재판 있잖아요, 광주재판에 주로 가는 거였고요.

면담자　　　광주재판에 주로 참석하시는 거, 변호사들도 만나고
하셨나요?

소희 아빠　　네. 담당 변호사님들 다 그때 계셨죠.

면담자　　　혹시 누구였는지 기억나세요?

소희 아빠　　이름은, 이름은 기억 안 나는데… 여자분들이셨어
요. 민변… (면담자 : 민변 소속?) 오지현 변호사님이었나?

면담자　　　아, 네. 요새는 연락 안 하시는 건가요?

소희 아빠　　아니, 안 하는 게 아니라 자주 뵀죠. 민변, 제가 지금
연대, 4·16연대 관홍이법 있잖아요? 그것 때문에 박주민 최고의원
님도 같이 만나가지고 회의를 하고 있어요. 그게 지금 23일인가 잡
혀 있을 거예요, 회의가.

면담자　　　박주민 의원이라든가 이런 분들도?

소희 아빠　　4·16연대 공동대표도 들어와서 회의를 하시고 그다
음에 지금 안에 있는 심리생계지원분과장, 분과장하고 H 엄마,
저희 [생존 학생] 쪽에는 심리생계가 H 어머니시잖아요, 지금. (면담
자 : 지금 현재요?) 네. 같이 회의를 들어가죠. 그 외에 여러 분들[이]
계셔요.

면담자　　　2014년부터 2015년 초까지 법원분과 활동은 그때

어떻게 마무리가 됐던 건가요?

소희 아빠   일단 재판 끝날 때까지 법원을 계속 갔고요. 저는 그게 법원분과, 학교에 있을 때 아이들하고 학교 앞에…. 올림픽기념관인가요, 뭐였지? 그 앞에 하나 있는 거 그 앞으로 저희가 나갔죠. 왜냐하면 "학교에 있는 게 맞지 않다" 그래 가지고 그 앞으로 사무실을 옮겼죠.

면담자   그게 언제예요?

소희 아빠   학교 들어와서 한 달 정도인가, 두 달인가?

면담자   학교 안에서 한 달 정도 계셨네요.

소희 아빠   네. 그때 회의를 했을 때 아이들이 일단은 사무실이 저희랑 같이 있고 교실이 있으니까 되게 불편하다는[불편해한다는] 그런 게 느껴지더라고요. 그래서 아이들이 같이 생활을 하다 보니까 "그건 좀 아닌 것 같다" 그래 가지고 회의를 해서 "사무실을 옮깁시다" 그랬더니만 그 앞에, 그때 당시에 "[안산] 시청에서 바로 [학교] 앞에 [사무실이] 나온 게 있다" 그래서 거기로 옮겼죠, 바로 앞으로.

면담자   학교에서는 가족들 사무실이 몇 층에 있었어요?

소희 아빠   그때 3층인가 있었고요. 교장선생님 바로 옆인가 그랬었고요.

면담자   교장실 바로 옆이요? 굉장히 부담스러운 곳에 계셨네요.

소희 아빠　　　　아니요. 전혀 하나도 안 부담스러웠는데요. 그때 당시 교장선생님이 부담스러우셨겠죠(웃음).

면담자　　　　그러면 그때는 부모님들이 상주하셨어요?

소희 아빠　　　　네. 그때 임원들은 다 매일같이 아침에 나와서 저녁에 똑같이 퇴근했죠. 9시에 출근, 저녁에 5시에 퇴근.

면담자　　　　학생들이 부담스러웠을 만하네요, 약간.

소희 아빠　　　　그러니까 그게 느껴지더라고요. 그래서 '이건 좀 아닌 것 같다. 나가야 되겠다' 그래 가지고 그 앞으로 옮겼죠.

면담자　　　　그런데 그때 학교에도 계속 기자들이 왔었나요?

소희 아빠　　　　그렇죠. 뭔 일 있으면 바로 앞이니까 저희가 달려가서 막고 기자들 오면 차단하고 그랬었죠. (면담자 : 교실 방문자들도 많았죠) 그래서 저희가 학교에다가 교육청에다가 요청을 했죠. 경비를 좀 양쪽… [출입구가] 이쪽 뒤에 하나 있고 앞에 있잖아요. 그래서 "24시간 교대로 해가지고 경비를 좀, 업체를 좀 해서 해줬으면 좋겠다" 그랬더니만 그때 당시에 경비, 지금도 계시나 모르겠네요.

면담자　　　　무슨 사건이 있었어요?

소희 아빠　　　　아니요, 다른 건 없었고요. 너무 차단이 안 되니까, 학교가 너무… 마을 그 저거라[마을에 열린 공간이라] 일반 분들이 정문으로 들어와서 뒤쪽에 사시는 분들은 그냥 걸어가셔요. 근데 그게 기자들인지 모르니까 차단을 해야 될 것 같아서 그래서 좀 그렇게 했죠. 경비 아저씨가 안 되면 저희가 달려 나갔고요.

면담자　　달려 나간 일도 있었어요?

소희 아빠　　기자가 그냥 들어오서서 막무가내로 들어오니까 경비 아저씨도 그게 안 되는 거예요, 차단이. 그때 전화 오면 저희가 나가서 "안 된다"고 저거 했었죠[막았었죠].

면담자　　"미리 취재 요청을 해야 들어올 수 있다" 이런 식으로?

소희 아빠　　네. 그때 당시에는 취재 요청을 거의 허락을 안 했어요, 저희가. 왜냐하면 부모님들은 모르는데 아이들은 카메라 자체에 약간 좀 그런 게[거부감이] 있어 가지고, 그것도 트라우마가 있어 가지고. 하고자 하는 애는 했는데 그렇지 않으면 승낙을 안 해줬죠.

면담자　　그러면 교장실 옆에 사무실이 8월까지 있었던 거네요, 한 달 정도 있었으면. (소희 아빠: 네, 그 정도 있었죠) 그럼 여름에 올림픽기념관 근처로 옮기시고?

소희 아빠　　네. 그때 날씨가 되게 더웠으니까. 그리고 사무실 [집기] 나를 때도 저희가 직접 가서 꾸몄고. 그러고 나서 저희가 가족협의회하고 합치면서 그 사무실을 없애면서 민변에서 그 사무실을 썼죠. (면담자: 민변에서 계속 썼어요?) 그게 민변에서 그때 내려오신 이유가 조사 저거… 있잖아요, 피해자 뭐 설문지. 그때 사무실 쓰셨어요. 그때에는 박주민 지금 최고의원도 와 있었고요.

면담자　　그렇군요. 합치면서 이 사무실은 없어지고요.

소희 아빠　　　네. 그 사무실은 민변한테 넘긴 거죠. 어차피 그쪽에서 쓰셔야 되니까. 그리고 저희들 저거[조사] 한 거…, 조사하시느라고 민변 계셔가지고. 가서 다 그런 거… 비슷하게, 일 비슷하게 그런 걸 했었어요.

면담자　　　혹시 민변이랑 같이 일하면서 기억에 남는 에피소드가 있으세요?

소희 아빠　　　그쪽[민변]에서 조사만 하면 지금처럼 설명해 드리고. 당시에 소희 같은 경우는 [진술서를] 작성을 했잖아요. [진도] 한국병원에서 해경이 나와서 벌써… 당시에 사고 내용을 갖다가 다 [진술]해가지고 지장까지 찍었잖아요. (면담자 : 지장까지 찍는) 소희는 자기가 쓴다 그랬는데 당시에 그 해경이 아프니까 써주겠다고. 거기에 보면 명확하게, 다른 건 모르겠는데 밑에 한 줄이 "이건 아니다"라고 얘기하더라고요. "왜?" 그랬더니만 "해경이 구해준 것이 아니고 일반 어선이 와서 구해줬다". 그런데 거기에는 해경이 구한 거로 돼 있어요.

면담자　　　소희가 쓴 진술서에요?

소희 아빠　　　소희가 쓴 게 아니라 얘기를 하면 받아 적었는데 "그게 안 맞다"라고 애가 얘기를 하더라고요, "난 그렇게 얘기한 적 없다". 그런데 거기에… 애들이 미성년자잖아요. 그런데 지장을 찍게 했어요. 그 한국병원…, 당시에 진도 한국병원에 있는데. 굉장히 그런 데에는 빨리 했더라고요. 아니, 부모도 없는데 그걸 갖다가, 아파서 병원에 있는 애들한테 다 받아가지고 지장을 다 찍게 만들고.

면담자   원래 미성년자면 보호자 동의가 있어야 뭐든 할 수 있는 거죠?

소희 아빠   그렇죠. 아니, 그날 그래 가지고 서거차도에 있다가 다시 나와가지고 체육관에 왔는데 "아이가 좀 많이 다쳤으니까 병원으로 가야 된다" 그래 가지고 한국병원으로 갔는데 벌써 그사이에 해경 나와서 그 조사를 다 하고 간 거예요. 참 빠르죠, 그런 건(웃음).

면담자   정말 화가 많이 나셨겠어요.

소희 아빠   맨 처음에 몰랐어요, 저는. 나중에 법원에[서] 그거[재판] 하는데 그게 자료가 나오는 거예요. 그래서 굉장히 화가 났죠, 그때.

면담자   법원분과 일을 하면서 알게 되신 거네요, 소희한테 "이게 뭐냐" 물어보셨겠어요.

소희 아빠   네. 물어봤더니 그걸 이렇게 보더[니]만 "어, 그거 내가 불러서 병원에 있을 때 당시에 그 얘길, 설명을 들었어". 자기가 쓰려 그랬는데 그분이 써준다 그래서 썼는데 "마지막 한 줄이 맞지 않다. 난 그렇게 얘기하지 않았다. 해경이 아니라 어선이 와서 구해줬다". 그런데 '해경이 구해줬다'고 되어 있으니까… 그걸 또 고치려니까 무슨 인권위[국가인권위원회]에 뭐 해가지고 뭘 해야 하는 거 같더라고요. 그래서 에이, (혀를 차며) 그 정도면 그냥….

면담자   재판 진행 과정에서 또 기억에 남는 일 있으세요?

소희 아빠   당시에 재판[으로] 광주 갔을 때는 부모님, 유가족하고 저희하고 같이 방청을 했는데 부모님들 신발까지 벗어가지고 던지고 막 그랬었으니까요. 워낙 많이 슬퍼하서 가지고 그때… 저희는 뭐 그냥 앉아만 있었죠. 그런 광경만 계속 봤죠.

면담자   광주 재판 때도 생존자가족분들이랑 유가족분들이랑 같이 계속 다니신 건가요?

소희 아빠   아니요. 그냥 방청객들…. 버스 같이 타고 가족협의회 자체에서 준비해 가지고 그때 같이 내려가고, 같이 했죠. 왜냐하면 하루면 됐으니까. 아침에, 새벽에 출발해서 저녁에 돌아오는 그런 상황이었죠. 재판도 하루면 끝나니까.

면담자   그렇군요. 알겠습니다. 계속 간담회 돌면서 정신이 없으셨고, 2015년에도 도보 행진이 있었던 거잖아요. 2015년 1월 26일부터 2월 14일까지 가셨던 이야기를 해주셨고요. 그리고 4·16가족협의회 창립총회 개최가 2015년 1월 25일이었어요. 이때 사단법인으로 만들어지는 건데, 이때 이전의 생존자협의회랑 다 합쳐졌던 거죠? 사단법인 추진하고 4·16가족협의회가 되는 과정은 혹시 기억나는 게 있으세요, 조직 정비라든가 내부 논의에 대해서 기억나시는 게 있으시면 말씀해 주세요.

소희 아빠   그걸 그때 당시에 거기[그 논의하는데] 들어간 게 부대표하고 대표만 들어갔으니까요. 그래 가지고 저희는 바깥에서 대협분과끼리 회의하는 상황이었고요. 만들어졌을 때는 아마, 이때 애진이 아버지가 굉장히 고생을 많이 하셨을 거예요. 모든 서류를, 가족협의회[가] 서류를 갖다가 지금도 하고 계시는데, 그래서 사무처로 들어가신 건데 가족협의회 법인체가 되기, 만드는 것도 되게 힘들었고요. 그때 애진이 아버님이 다 그거[추진] 하셨던 거예요.

면담자　그때 특조위랑 계속 활동이 있잖아요?

소희 아빠　특조위… 1기 특조위 때 인양분과장하고 특조위 올라갔었죠. 회의를 딱 한 번 들어갔죠. 인양분과장하고 저하고 들어갔는데 (면담자 : 어떠셨어요?) 회의 자체를 갖다가 무마… 아예 없애버렸죠, 인양분과장이.

면담자　동수 아버님이요, 왜요?

소희 아빠　그니까 그… 1기 때 너무 많은… 국가에서 안 줬잖아요, 자료를. 그러니까 저희 가족들이 갖고 있는 건 다 모아서 자료실에 비치가 계속되는 상태였고, 해수부에 요청을 하면 해수부에서는 다 거절을 했어요, 모든, 무슨 자료가 됐든. 그니까 1기 특조위에서는 참 난감한 거죠. 공문을 보내도 그냥 무시해 버리고 이래 버리니까…. 그래서 자료를 갖다가 거의 가족 거를 갖다가 많이 가져갔죠, 당시에. 그러다 보니까 동수 아빠가 굉장히 화가 나셨어요. "도대체 특조위가 만들어져 가지고 하는 게 뭐냐"고 "맨날 가족한테만 와서 받아 가고, 직접 가서 싸워가지고 해라". 그러니까 가

자마자 회의를 했는데 한 1시간 만에 끝났어요. 그러면서 [회의가]
아예 없어져 버렸죠. 그래서 특검만 했던 거죠, 인양분과장님이.

면담자   특조위 활동에 대해서 가족협의회 안에 이견이나 갈
등 같은 게 있었나요?

소희 아빠   특조위 조사신청서 만들 때도 그때도 저희가 자료실
에서 부모님들 모셔가지고 그걸 다 애진이 아빠가 만들어놓으셨어
요. 이백몇 개인가, 1기 때 이백몇 개인가 저희가 조사신청서를 넣
었는데 네 개인가, 여섯 개밖에 못 했잖아요, 1기에서. 200개가 블
락[차단]이 되어 있는 상태죠, 지금. 그런데 그거는 국가에서는
10년이 되었든 20년이 되었든 언젠가는 답을 다 줘야 되는 거예요.
그래서 굉장히 많이 만들어가지고 넣었죠. 그게 한 200개인가 남
았을 거예요. 2기 특조위 때 지금 그걸 다시 정비해서 아마 하게 될
거예요.

면담자   2015년 초에는 사실 특조위가 되느냐 마느냐 이런
상황이었는데 여당, 당시의 여당 측에서는 추천위원들이 황전원이
었나, "예산안이 과장되었다"고도 했었고. 혹시 그때 가족협의회
내부 의견 같은 거 기억나세요?

소희 아빠   그때 국회도 가고 그랬었잖아요, 그것 때문에 가가
지고 싸우고 그랬었는데…. 저희는… 특조위를 만들었을 때 박주
민 당시, 지금 최고위원이 많이 도움을 주셨는데 '당연히 그렇게 되
어야 된다'고 생각했었어요. 그런데 그게[여당과 야당이 특별법을] 합

의하면서 불발이 되었잖아요, 다. 나중에 그… 당시에 민주당이었던… 박 누구예요… 그분이 누구였더라, 대표였던 분. 〈비공개〉 그리고 [박영선 대표가] 분향소에 오셨었어요. 그런데 별로 좋은 소리 못 들었죠, 저한테. 그렇게 많이 싸워가지고 했는데도 그렇게 합의를 해버리니까 너무 황당해 가지고. 〈비공개〉

면담자   지금 진행되고 있는 세월호참사특별조사위원회 위원들에게 다 가족분들이 전담마크로 붙나요?

소희 아빠   네, 가족들 다 붙어 있어요. 지금, 4소위까지 해가지고 다 들어가 있고요, 저희 지금 황전원[이] 지원소위 해가지고. 일단은 진상분과장이 1기[소위]를 맡고 있고요, 2기[소위]가 대협분과장이 맡고 있고. 3기[소위]가 지금 누구더라? 큰 건우 아빠가 지금 들어가, 사무처 팀장이죠, 그분도. 그리고 마지막에 4소위가 심리생계분과장하고 추모분과장하고 저하고 셋이서 하기로 했는데 제가 못 올라가고 있죠. 조만간 올라가야 될 거예요. 아니 뭐 황전원 씨는 워낙 잘하고 계시니까 문제가 안 되는데 양승필인가, 지금 학교 [문제 그렇게] 만든 사람이 그 사람이잖아요, 그렇게 만든 사람이, 학교에서[기억교실을 단원고에서] 나오게 만든 사람. 안철수 의원이 추천했다는데 뭐든지 방해하고 반대하고 있어요, 지금. (면담자 : 양승필 씨가요?) 네. "아직 출범도 안 됐는데 왜 신항에 벌써 다섯 명이 내려가 있냐"부터 시작해 가지고 그런 사람도 있더라고요.

면담자   가족들은 어떤 입장이세요?

소희 아빠　원래는 찍어내려 그랬죠. 그런데 그게 안 돼요. (면담자 : 이미 추천이 돼버렸으니까?) 추천된 위원이라. 저희가 할 수 있는 건 [회의에] 다 들어가서 계속 주시를 하고 있어야죠, 잘못된 건 바로 잡고. 그래서 배치가 되어 있는 거예요, 가족들이.

면담자　2015년에는 또 세월호 특별법 시행령안을 해양수산부에서 입법예고를 했었는데요. 이때 특조위 규모 및 역할을 축소하는 걸로 당시에 평가를 받았었잖아요. 이때 협의회 내부의 반응이나 논의 기억나세요?

소희 아빠　그때 해수부를 내려갔었잖아요? 세 번인가, 네 번인가 내려갔어요.

면담자　세종시에 가셨어요?

소희 아빠　네, 가서 엄청 싸웠죠, 또. 그거 때문에 담 넘어갔다고 [경찰] 애들하고 싸우고 들려서 밖에 던져지고 막.

면담자　좀 구체적으로 얘기해 주시겠어요?

소희 아빠　처음에 그것 때문에 내려갔을 때, 이미 내려간다니까, 가족 차가 몇 대였더라, 세 대인가 몇 대 내려갔어요. 그런데 벌써 쫙 깔려 있더라고요. (면담자 : 경찰들이?) 네. 그런데 우리는 들어가려니까 막고 있더라고요. 그래서 엄청나게 몸싸움을 또 시작했죠. 그러다가 몇 분 부모님들이 너무 화가 나니까 경찰 막 밟고 올라가 가지고 넘어갔는데, 잡아다가 차에다 가둬놓고. 그러니

까 또 너무 화가 나가지고 거기서 또 크게 싸우게 되었죠. 막 뜯어
내고… 그때 집행위원장님하고 저하고 팔짱 끼고 있었는데, [경찰]
네 명이서 안 되니까 여섯 명이서 [우리를] 들어다가 저기 갖다가 던
지더라고요(웃음).

면담자   근데 세 번을 내려가신 거예요?

소희 아빠   네, 세 번을 다 내려갔는데 그럴 때마다…. 아버님
한 분은 아예 그냥 오물을 갖고 가가지고 뿌려버렸죠. 그런데 오물
을 갖다가 잘못 던져가지고 본인들한테 다 튀어가지고….

4
1주기 추모 행사와 4·16연대 발족

면담자   그리고 이제 다시 2015년 4월인데요. 가족협의회가
정부시행령 거부 의사를 표명하는 와중에 1주기 공식추모행사가
취소가 됐었어요. 그때에 1주기 추모행사 하려고 했을 때 기획했
던 거 생각나세요?

소희 아빠   기획은 다 해놨고, 애진이 아버님이 그때 무대에서
부터 해가지고 굉장히 많이, 그 무대가 돈이 많이 들어가요. 다 해
놓았는데 "이건 아니다" 그래 가지고 "올라가자" 그래 가지고 아예
다 취소해 버렸죠, 그날.

면담자   취소를 언제 하신 거죠?

소희 아빠   원래는 거기서 되면 행사를 하려고 했는데 안 되어 가지고, 불발되어서 그냥 그날 바로 다 취소했죠. 생각은 하고 있었어요, '이걸 해야 되냐 말아야 되냐'고⋯. 그런데 "1주기가 중요한 게 아니라 그게[시행령이] 더 중요하니까 가서 올라가자" 그래서 아예 다 취소해 버렸어요. 그때 무대 값만 해도 꽤 많이 들은 걸로 알고 있어요.

면담자   그때 준비하면서 무대에서 중점을 두었던 게 있나요, 무대 프로그램이라든가?

소희 아빠   무대 내용은 제가 잘 모르겠고. 당시에 애진이 아버님이 그런 건 주로 잘하시니까. 아마 다, 지금도 그렇게 하시고 1주기도 그렇고 2주기도 그렇고 다 그걸 애진이 아버님이 준비하고 계셨던 거죠.

면담자   6월이 되면 4·16연대가 발족이 되는데요. 그때 4·16연대 발족과 관련해서 기억나는 게 있으시면 말씀 부탁드립니다.

소희 아빠   4·16연대는 특조위 하면서 가가지고 좀 애용했긴 했는데, 저는 그때 당시에 연대하고 [회의] 들어가고 그러진 않았어요.

면담자   4·16연대 발족의 배경이나 과정에서 가족협의회의 활동이나 논의가 어떤 영향을 끼쳤다고 생각하세요?

소희 아빠   회의를 그때 한두 번인가 들어간 걸로 알고 있는데,

두 번인가? 몇 번 들어갔긴 들어갔는데 4·16연대가 생기니까 회의를 들어가면 정신이 없어요, 너무 많으니까 사람이. 그래 가지고 "이건 좀 아닌 것 같다" 그래 가지고 두 번 들어가고 빠졌죠, 저는.

면담자   어떤 사람들이 있었어요?

소희 아빠   그때 박래군 씨, 박진, 지금도 같이 하시는 분들, 김혜진 씨인가 뭐 해가지고, 미류 씨. 많았죠 그때는. 너무 많아서 이름도 기억 못 해요. 지금 텔레그램 [대화방]에 들어가 있는데 100명이에요 100명, 인원만. 저희들 지금 각 반 대표들하고 위원장님들, 임원들 있잖아요, 24명[이] 자문위원으로 되어 있잖아요, 지금 4·16연대에서. 거기도 회의를 한 달에 한 번씩 들어가요. 지금은 들어가긴 들어가는데 그다지 뭐 이제는. 많이 완화가 되었잖아요, 연대가. 전국급에서 좀 많이 축소가 되었어요, 이제는.

면담자   네. 4·16연대 회의에는 두 번 들어가셨던 건데 다른 가족협의회 분들은 계속 들어가셨던 분들도 있나요? (소희 아빠 : 네, 계속 들어가고 계셨죠) 당시 4·16연대와 가족협의회의 관계가 어떻게 되어야 된다고 생각하셨어요?

소희 아빠   저는 개인적으로 생각하기로는 물론 출범을 따로 했지만 지금도 똑같아요. 가족협의회로 들어와야 한다고 생각해요. 연대하고 가족협의회하고 합쳐져야 되는 게 맞지 않나…. 당시에는 4·16연대, 제가 워낙 애진이 아버님처럼 예전에 활동하고 그랬으면 모르겠는데 그런 게 아니었기 때문에 그렇게 깊이 생각은 안 했어요. 연대라는, 4·16연대…. (면담자 : 그 활동가들에 대해서?) 그냥 간담회 같은 거나 전국 간담회 이런 거 잡아서, 그때 대협분과였으니까. 회의를 들어가면 내려오시기도 하고. 미술관[에] 있잖아요, 그때 당시에. 그래 가지고 내려오시면 같이 회의하고 좀 그랬는데. 그렇게 뭐… 제가 썩 잘 알지를 못해서 그런지. 뭐라 해야 돼? (웃음)

면담자　　미술관이라 하면 경기도미술관 가족협의회 사무실을 말씀하시는 건가요?

소희 아빠　　미술관 자체에 저희 가족협의회가[가족협의회 사무실이] 들어가 있었잖아요. 나중에 사무실은 거기 있었고 컨테이너가 늘어나면서 그쪽 애용하고 그랬었죠. 대협분과는 그때 당시에 [분향소에] 창고 컨테이너 있어요. 거기서 회의를 주로 했었어요. 총회 같은 거는 강당에서, 미술관 강당에서 하고. 사무실 자체는, 사무실은 있었죠, 자리는. 그때 인양분과 있으니까. 인양분과, 진상분과, 생존 학생 그다음에 쭉 대협분과부터 해가지고 사무실이[에] 책상이 다 있었죠. 그런데 거의 못 들어갔죠. 사무실을 갖다가 있는데[사무실이 있기는 한데] 한 달에 한 세 번, 두 번밖에 못 들어가요. 거의 밖에 있으니까.

면담자　　4·16연대랑 가족협의회에 대해 "그때는 크게 별 생각은 없었다"라고 말씀을 하셨는데 그럼 아버님이 보시기에 당시에 협조가 잘 이루어졌나요?

소희 아빠   그때는 저희가 올라가서 회의할 때도 있었고요. 연대에서 내려와 가지고, 그때 미술관에 있을 때는 회의를 할 때도 있었는데.

면담자   올라간다면 어디로 올라가는 거죠?

소희 아빠   연대 사무실 [서울에] 있잖아요. 네, 거기 가서 직접 한 적도 있었고, 그분들이 내려오셔서 미술관에서 하신 적도 있고. 회의 내용은 뭐 그런 거였죠, 간담회에서부터 시작해서 앞으로 어떻게 할 것인가. 각 지역마다 계신 연대, 그분들도 어떻게 공유를 하고 그런 것들…. 그때 주가[주로] 대협분과장이 아마 연대를 맡으셨을 거예요. 4·16연대에서 내려오면 간담회 같은 것도 거의 나오잖아요. 예를 들어 제주도를 간다 하면 제주도에 연대하시는 분 계시잖아요, 담당자가. 그러면 그분이 저희 가족들을 갖다가 인솔해서 간담회하고, 그리고 올라오고 그랬었죠.

면담자   2015년 7월에 4·16연대 박래군, 김혜진 위원이 구속영장 신청되기도 하잖아요, 박래군 씨는 구속되었고요. 이때 기억나는 바가 있으시면 얘기해 주시겠어요?

소희 아빠   (한숨을 쉬며) 사무실, 연대 사무실도 갑자기 들이[닥]쳐 가지고 압수수색하고 그랬었잖아요. 제가 알기로는 그때 당시에 자료는 다른 데 다 갖다 놓은 것으로 알고 있어요. (면담자: 자료요?) 네. 그렇게 들어올 줄 알고 있었어요. 압수수색 될 줄 알고 있었고, 거기 그렇게 큰 자료가 없었어요. 그런데도 구속, 박래군 씨

구속된 거 보면 한 게 많긴 많은가 봐요(웃음).

면담자   미리 다 대비를 하고 계셨군요?

소희 아빠   네. 저희 지금 자료도 마찬가지로 이 자료 말고도 세 개로 나누어져 있어요, 똑같은 자료가. 언제 어느 때 어떻게 될지 모르니까. 그때 당시 미술관에 있을 때 아예 컨테이너 큰 거 하나에다가[하나에] 저희 자료실이 있었잖아요. 진상분과하고, 인양분과하고.

면담자   그사이에 청와대까지 행진한 일도 있었어요. 안국동 로터리에서 청와대까지 행진했었는데요. (소희 아빠 : 그랬나요, 와…) 너무 많은 일이 있었기 때문에….

소희 아빠   아니 뭐 행진이고 뭐고 이런 걸 아마 거의 다 참석했으니까, 있었겠죠 제가.

면담자   아버님은 맨 앞에 계시는 편이셨나요?

소희 아빠   어저께 광화문 갔을 때도 깃발을 제가 들고 다녔는데요.

면담자   주로 깃발을 든다든가 맨 앞에서 대치를, 몸싸움을 한다든가?

소희 아빠   그죠. 깃발을 한 번 뺏긴 적이, 광화문에 있을 때 뺏길, 싸울 때 뺏길 뻔해가지고 뒤로 던졌더니만 또 세희 아빠가 받아가지고, 그러고 엄청나게 싸웠죠(웃음).

소희 아빠 박윤수

면담자   누구랑 싸우신 거예요, 그때?

소희 아빠   전경하고 싸웠죠, 그럼 누구하고 싸워요. 전경 애들
하고 싸웠죠.

면담자   깃발은 그거 외에는 한 번도 뺏긴 적 없으세요?

소희 아빠   저희는 한 번도 뺏긴 적이 없어요.

면담자   늘 아버님이 드시고요, 거의?

소희 아빠   거의… 그러니까, 예를 들어서 열 번 중에서 한 네
번은 제가 들고 다녔고요. 나머지 또 다른 아버님도 들고 계셨고.
제가 앞에 길 저거[길잡이] 하면은 그… 다른 아버님이 좀… 애진이
아빠가 들 때도 있었고 그다음에 유가족분들 중에 덩치 크신 아버
님 계셔요. 세희 아빠 같은 경우도 들고 그랬죠. 들고 다녔었죠.

면담자   그럼 깃발 드는 건 주로 건장하신 분들이 맡으시는
건가요?

소희 아빠   아니요. 그냥 가족협의회에 있고 임원이다 보니까
임원들이 앞에서 하는 게 맞다 그래 가지고 당시에 진상분과장, 인
양분과장 그리고 전명선 위원장 전부 다 앞에 서가지고 다녔죠. 제
일 먼저 싸웠죠.

면담자   그중에 기억에 남는 장면이 있을까요?

소희 아빠   한참 싸우다가 방패[에] 맞아가지고 입술 다 찢어지

고 뭐 이런 거.

면담자   꿰매고 이런 적도 있으세요?

소희 아빠   아니요, 그런 건 없는데. (면담자 : 다행이네요) 그리고
전경 애들 욕하는 거, 이런 것들. 애들 막 대놓고 욕하던데요, 이
제. 한참 되니까 "개새끼, 소새끼" 찾아오면서[찾으면서]…(한숨), 아
직 어리잖아요, 애들이. 그런데 그렇게 부모들한테 하더라고요.

5
세월호 인양 작업 감시 활동

면담자   세월호 인양 관련된 얘기가 시작이 되는데요. 2015
년 4월 22일에 인양이 확정돼요. 중국 상하이샐비지에서 8월부터
세월호 인양 작업을 시작하는데요. 인양업체 선정이라든가 인양
시기에 대해서 가족협의회 내부의 입장과 논의가 어땠어요?

소희 아빠   인양 자체는 너무 늦었다고 생각했고요, 가족협의회
자체에서는. 빨리 했어야 하는데 너무 질질, 그 자체가… 그 자체
가 [문제였죠]. 회의가 성립이 안 되었고요. 그러니까 최대한 빨리
인양을 해야 하는데 국가에서는 계속, 김진태 의원 같은 경우에는
"아예 고기 집으로 만들어라" 이런 것에서부터 시작해서 막말을 엄
청 많이 했잖아요. 그걸 왜… "세금 도둑"서부터 시작해 가지고 "그
많은 돈을 들이면서 왜 배를 인양을 해야 되느냐…". 그때에도 많

이 싸웠죠(한숨). 당연히 빠른 시일 내에 인양을 했어야 되는데, 그리고 배 업체 자체도 많이 문제가 있었다고 봐요.

면담자   상하이샐비지 선정이요?

소희 아빠   금액으로는 당시에 어디였더라? 더 좋은 업체가 있었는데 거기는 인양업체가 아니었던 거죠. 그냥 배를 갖다가, 말 그대로 그런 업체에다가 그렇게 많은 돈을 주면서. 천삼백몇억인가요? 지금 구백몇억 줬어요. 나머지가[를] 지금 묶어놓았는데, 세월호 올라온 거 보시면 알겠지만 완전 벌집을 만들어버렸잖아요, 말 그대로. 저희가 원했던 건 온전한 인양인데, 계단서부터 뒤에 뭐…. 거기다가 선수(船首) 들기 하면서 아래 다 파먹고….

그때 당시에 들 때 제가 인양부장하고 저하고 동거차도에 있는데 해수부에서는 3도 들었다고 그랬대요, 배를 3도로 약간. 그런데 어느 기자가 와서 "7도까지는 들었다". 그런데 그때에는 벌써 [배 아랫부분을] 파먹고 들은 거였죠. 그런데 그런 연락을 하나도 안 해주고 우리가 기자한테 들어야 되니까, 모르니까. 전화해서 싸우고 욕하고 그런 것들이 좀 화가 많이 났죠, 그때 당시에.

면담자   이때 인양이 결정되고 인양을 시작할 때 가족협의회 안에서도 입장 차이가 있었나요?

소희 아빠   아니요. 저희는 '더 빨리 인양을 해야 된다'고 다들 생각을 했고요, '배는 분명히 인양이 되어야 된다'고. 그렇게 해서 저희들이 인양 갖고도 많이 싸웠잖아요, 광화문 이거[에서].

면담자　　　왜 하필 인양 시기가 그때로 정해진 건가요?

소희 아빠　　인양을 한다는 자체, 생각을 안 한 게 아니라 할 생각이 없었던 거죠. (면담자 : 정부에서?) 네, 가족들은 이때뿐만 아니라 그 전서부터 계속 "온전한 인양을 해야 된다"고 싸우고 다녔잖아요. 그런데 국가에서는 아무런 생각이 없었던 거고, 그런데 별 희한한 "세금도둑" 그런 얘기 나오고 그랬었죠.

면담자　　　8월에 인양이 시작이 되는 게 정부가 미루다가 그때 한 거라고 생각하시나요?

소희 아빠　　네. 원래는 더 빨리 됐어야죠. 배가, 지금 신항만 가서 보시면 알겠지만 너무 많이 상했고 안에 들어가 보면 거의 뭐 다 무너져 가지고 남은 게 없어요. 안에 다 뜯어가지고 벽체 자체는 아예 없고요. 물론 철거… 그 끄집어낼 때는 제가 다 들어가서 확인했는데 지금 배에 남은 게 없어요. 엔진 외에는 없죠, 아무것도. 그… 화물칸에 있던 거 총 백구십몇 대인가, 차가 있었는데 1대가 분실됐죠. 그게 아직 동거차도에 있어요. (면담자 : 그 차가?) 네. 빠진 거죠. 지금 특조위 인양 쪽에서 저희가 준비한 건 뭐냐면 뒤에 수문 있잖아요. 고장 나서 그렇다고 얘기는 하는데 와이어 자국 같은 거 보니까 거기다 와이어를 묶었어요.

면담자　　　인양할 때요?

소희 아빠　　네. 제가 보기에는 망가진 게 아니라 원래 파손을 시

킨 것 같아요. 그리고 배를 들 때 지게차가 하나 빠졌어요. 그게 지금 동거차도에 있는 거고. 확인하니까 그 외에 빔서부터 뭐 어마어마하게 있어요, 아직 동거차도에. 아직 그건, 미수습자들은, 네 분은 지금 "동거차도에 있는 거 다 건져라" 그렇게 하고 계시는데…. 이제 10월 8일인가, 마지막 권오복 씨 그 [미수습자 권혁규 군] 큰아버지 있잖아요. 올라오셨는데 이제… 배의 뻘은 다 나온 상태고 끝났어요. 그러니까 다 올라오셨는데 그거 갖고 싸우셨던 거 같아요. 그분들은 동거차도에 있는 거 다 건지는 거, 그것도 돈이 굉장히 많이 들어간다고 그러더라고요.

면담자 2015년에 인양이 시작되면서 아버님은 인양분과팀장이 되신 거죠, 인양분과는 언제 만들어진 거죠?

소희 아빠 그 전에 만들어진 걸로 알고 있는데요.

면담자 네. 동거차도에서 2015년 9월 1일부터 가족협의회가 머물렀다고 되어 있는데요.

소희 아빠 9월 25일 날 먼저…, 9월 25일이 아니라 8월 25일 날 거길 갔었어요. (면담자 : 먼저 가신 거죠?) 애진이 아버님, 저하고 지성이 아버님이 가가지고 확인을 했죠, 어디가 제일 좋을지를. 그런데 그 당시에 거기 계셨던 옥영이 형님이….

면담자 이옥영 선장님이요?

소희 아빠 네. 그 자리를 가르쳐 주시더라고요. 기자들이 3사

방송이[동거차도 정상 그 자리에서] 다 찍고 있었다고, 4월 16일 날. 그래 가지고 거기를 올라갔는데 말 그대로 그냥 그대로 있더라고요, 텐트하고. 지금 저희들이 천막하고 쓰는 거 그것도 그대로 저희가 쓴 거잖아요. 그렇게 있더라고요. 거기서 그리고 21시간을 찍었대요. 영상… MBC, KBS도 받은 걸로 알고 있고요. 그때 당시에 거기에 있던 영상을 다 받았어요. 21시간 찍은 걸 다 받았어요, 목포MBC 거기서. 그랬더니만 바지선이 놀고 있었더라고요, 인양은 안 하고. 상하이샐비지에서 애들 다 놀고 있었어요.

면담자 　동거차도에는 8월 25일에 처음 가셨던 건가요?

소희 아빠 　아니요, 그 전에 한번 사무처에서 아마 갔었을 거예요. (면담자 : 아버님은?) 그때는 제가 안 갔고요.

면담자 　8월 25일에 처음 가셨던 거네요?

소희 아빠 　네, 25일 날 처음으로 들어갔죠. 그리고 31일인가, 말일 날 내려가서 9월 1일 날 동거차도 들어갔던 거고.

면담자 　인양감시 작업이 결정되고 시작된 게 9월 1일이잖아요. 결정되기까지의 과정이랑 동거차도 천막 설치 등의 과정에 대해서 말씀 부탁드립니다.

소희 아빠 　아니 그… 회의를 했고요, 인양분과장하고 전부 다 가족협의회에서 회의를 했고요. 그래서 바지선을[에] 승선을 먼저 하려고 했더니만 다들 거부를 하고 상하이샐비지에서도 거부를 했어요. 이유는 "작업에 방해가 된다"[는] 말도 안 되는 그런 이유를 갖다가 대고. 원래는 배를, 25일 날 내려가서 25일 날 [확보]해서 배를 갖다 댔죠, 바지선에다가. 올라가려고 그랬더니 막더라고요. 오렌지[색 작업복] 입은 사람들 있잖아요. 그러더만 한국말 잘하는 담당이었는지 그 당시에 배에서 "올라오시면 안 된다"고 그래 가지고 포기하고.

바로 동거차도 들어가서 25일…. 그 어디로[에] 지을 것인지 파악하고 내려와서 같이 회의를 해서 보고를 하고, 이걸 부모님들 하고 교대로 "일주[일]마다 교대로 해가지고 감시를 하자". 카메라도 그때 구입하고… 일단 가서 먼저 지낼 곳이 있어야 되니까, 그 당시에 어디서 지은 건지 모르겠는데 KBS나 MBC나 뭐 SBS 셋 중에 하나겠죠? 그 가운데 있던 거, 저희 파란 천막 있잖아요. 그게 제일 튼튼하게 되어 있더라고요. 그래서 거기로[를] 숙소로 "지낼 수 있는 초소로 잡자" 그래서 그걸 만들게 됐고. 준비를 한 2주 전에서부터 덮을 걸 다 주문을 해놨고요. 그런 회의들[을] 계속하다가 9월 1일서부터 본격적으로 들어가서 [감시초소] 지으면서 감시하면서 그랬던 거고….

면담자   바지선에 배를 갖다 댔다고 하셨는데 배는 빌리셨어요?

소희 아빠   저희 담당하는 덕원호라고 선장님이…, 일주일마다 저희가 교대를 해야 되잖아요. 아예 대놓고 있었죠, 그냥. (면담자 :

덕원호요?) 네, 덕원호.

면담자   이거는 진도 팽목항 배예요?

소희 아빠   그 배가 뭐냐면 당시에 브이티에스(VTS)[해상교통관제센터] 보면 굉장히 빠르게 달리는 배가 하나 있었어요. 그 선장님을 좀 알아봤는데 그분 배인데 "저희가 계속 이용하겠다" 그러니까 흔쾌히 "알았다"고 말씀을 해주시더라고요. 그래서 아예 그냥 일주일에 한 번씩 교대할 때마다 데려다주고 데려오고.

면담자   이 선장님은 어디 사세요?

소희 아빠   지금 저기 팽목이 아니라 옆에… (면담자 : 다른 항구예요?) 그 저… 브이티에스 저기 탑 있잖아요. 탑이 아니라 그걸 뭐라 그래요, 그걸. 등대가 아니라 뭐라 그러는데…. 거기도 성질나서 다 뒤집으려고 갔더니만 다 도망가고 없대요. 너무 화가 나가지고 그때 부모님들 해가지고 몇 분이 내려갔어요. 그랬더니만 브이티에스가 맞을 거예요. 추적하는 그… 탑이라 그래야 되나. 뭐 아무튼 있어요. 그쪽에 사시는데 그분은.

면담자   이분을 섭외를 하신 거군요.

소희 아빠   그것도 있고 "당시에 왜 이렇게 빨리 달리셨냐" 이런 것도 물어보고[볼] 겸 해가지고 만났는데, 마침 "저희가 계속 왔다 갔다 해야 되니까" 그 얘기를 했더니 "그러면 제가 해드리겠다" 그 말씀 하시더라고요.

소희 아빠 박윤수

| 면담자 | 비용도 지불했나요? |

소희 아빠   그때… 들어갔다 나오는데 60만 원씩이었을 거예요, 일주일에 보통. 그 비용은 당연히 드렸어야죠. 원래는 80만 원이래요. 하루 종일 타는 데는 80만 원인데, 저희는 들어가는 데 한 40분, 50분 나오는 데 40분, 한 2시간 탄 거죠.

면담자   그렇죠. 나중에는 진실호도 갖추셨죠.

소희 아빠   진실호는 저희가 아예 그… (면담자 : 구입하셨던 건가요?) 아예 구입을 했죠. 진실호 같은 경우에는 뜻 맞는 부모님 12분이 모여서 1000만 원씩을 냈어요. 그래 가지고 '먼저 배를 빨리 구입을 해야겠다' 생각해서, 왜냐하면 가족협의회 회의를 하고 뭐 하면 너무 늦으니까 안 되겠더라고요. 당시에 영석이 엄마, 저, 애진이 아빠, 사무처장 해가지고 한 12분 모아가지고 다 돈을 내서 배를 먼저 산 다음에… (면담자 : 아, 일단 갹출을 하고서?) 왜냐면 배를 만들어야 되니까. 만드는 데 한 달 정도 걸렸어요. 그 배[에는] (면담자 : 아, 새 배로 뽑으신 거군요) 해경 게 너무 빠르니까 아예 따돌리는 엔진도, 하나가 3500만 원짜리예요, 그게. 두 개 달았잖아요, 저희는. (면담자 : 어마어마하네요) 한 1억 2000, 한 1억… 꽤 많이 들었어요, 아무튼. 왔다 갔다 하고 배 만들고 가서 직접 보고 사장님 만나고. 신항만에 보면 반대편에 보면 배 만드는 데가 있어요. 거기서 만들었거든요, 진실호를.

면담자   아직 진실호를 뽑기 전에 덕원호를 먼저 빌리신 거

123

2회차

군요?

소희 아빠   네. 그리고 배를 갖다가, 물론 그 배는 면허가 없어
도 되는 배인데 왔다 갔다 하는 그게 힘들어요. 진실호 갖고는.

면담자   덕원호 선장님은 성함 혹시 기억하세요?

소희 아빠   이름은 모르겠는데.

면담자   아, 그렇군요. 그러면 이걸로 계속 동거차도를 왔다
갔다 하면서.

소희 아빠   진실호는… 동거차도는 그 배[덕원호] 갖고 왔다 갔다
했고요. 그다음에 진실호는 그냥… (면담자 : 동거차도에서 인양 감
시?) 감시. [인양 작업 현장 근처를] 왔다 갔다 하면서 뭔가 좀 큰 게
있으면 배를 타고 나가가지고 확인을 했어요, 계속.

면담자   배를 모실 수 있는 가족분들이 계세요?

소희 아빠   그 배는 아무나 다 몰 수가 있어요.

면담자   진실호요?

소희 아빠   네. 그냥 교육만 받으면 돼요. 10인승인가까지는 그
냥, 진실호는 몰아도 되더라고요.

면담자   아버님도 모실 수 있어요?

소희 아빠   아니요, 저는… (면담자 : 교육 안 받으셨어요?) 그때 사
무처장이 원래 진도 분이셔요, 고향이. 그래서 배 자체를 몰고 다니

서 가지고, 사무처장 상호 아빠가… 이름을[상호 아빠 이름으로] 했고. 그다음에 상호 아빠가 거의 내려가서 운전을 하셨죠. (면담자: 아, 그렇군요) 지금은 애진이 아빠 이름으로 되어 있어요. 원래는 개인 거였죠. 돈을 모아서 개인 이름으로 샀는데, 가족협의회 것이 되어야 하는데 워낙 급하니까 먼저 사가지고 개인 걸로 했다가 가족협의회에 다시 넘겼던 거죠.

면담자   예산 처리에서 1000만 원씩 다시 받으셨나요?(웃음)

소희 아빠   네, 받았죠. 받아야죠(웃음). 이자를 못 받은 게 억울해요.

면담자   (웃으며) 동거차도에서 그때 천막 설치 과정도 기억나세요?

소희 아빠   9월 1일 날 천막 들고 올라갔고요. 너무 힘들었죠, 갖고 올라가는데.

면담자   길을 내면서 가신 거죠, 그때?

소희 아빠   네. 길이 없어 가지고… 앞에서 두 분이서 길 내면서 지게에다 져가지고 물품이고 뭐고 다 들고 올라갔죠, 입에서 단내가 날 정도로. 그리고 너무 더웠어요, 그때. 습하고.

면담자   또 모기가 많았으니까.

소희 아빠   모기도 많았고. 인양분과장은 딱 한 번 올라가니까 [올라가더니] 안 내려오더라고요. (면담자: 왜죠?) 너무 힘들다고(웃음). 난 때려죽여도 못하겠대.

면담자   저도 길 없는 데 올라가[려]니까 너무 힘들었었거든요. 거기 파이프라인이랑 전기줄 설치를 (소희 아빠 : 다 저희가 했죠) 아버님들이 하신 거잖아요. 그때 하신 건가요? (소희 아빠 : 네) 2015년 9월에 직접 다 하신 거예요?

소희 아빠   네. 저희가 다 가족들[이] 다 직접 했어요. 그때 여덟 명인가 여섯 명인가 있잖아요. 그때가… 진상분과장, 인양분과장, 애진이 아빠, 저, 그다음에 사무처장이었던 상호 아빠, 4·16TV. 그리고 활동가였던 최창덕 형님 계셔요. 그렇게 해서 들어가 가지고 그… 아, 담비 아빠 해가지고 들어가서 고생 진짜 많이 했죠. 그렇게 짓게 된 거고. 제일 힘들었던 게 다른 건 다 그런데 갑바[천막천]가 그게 200만 원어치예요. 덮으려고, 그게 너무 무거워 가지고 죽는 줄 알았어요, 진짜.

면담자   돔은 나중에 설치한 거죠?

소희 아빠   나중에 그 돔 만드신 박영만 사장님인가 그럴 거예요.

면담자   네. 바람이 너무 세서 전문가가 따로 만들었다고.

소희 아빠   그때 미술관에 있는데 오셨어요. 그때 당시에 '무한도전' 찍으셨다고 그러더라고요, 돔 해가지고 우주 이런 거 하면서. 그때 자재가 좀 남았다고 기탁을 좀 하고 싶다고 했던 게 큰 돔 있잖아요, 그거였는데. 엄마들이 "엄마 방으로만 작은 게 있었으면 좋겠다" 그래 가지고 요청을 또 했더니만 작은 돔까지 해주신 거죠. 협찬을 해주신 거예요. 그래 가지고 그렇게 두 개 짓게 된 거고요.

면담자　　　돔은 언제쯤 설치됐어요?

소희 아빠　　　정확하게는 모르겠는데 한참 지난 다음에 됐을 거예요, 아마. 그때가… 아무튼 학교 학생 애들도 와가지고 많이 날라주고. 길이 워낙 질퍽질퍽했거든요, 그때. 눈이 와서 녹았나 아무튼 뭐가 해서 녹았는데, 비가 왔나 그럴 거예요. 그러니까 요만한 돌 같은 거 나르고, 아이들이…. 그래 가지고 전복 값이 좀 많이 들어갔죠(웃음).

면담자　　　무슨 값이요?

소희 아빠　　　전복 값(웃음).

면담자　　　왜 전복이에요?

소희 아빠　　　한 200만 원어치 샀을걸요, 아이들 먹이려고. 진도 거기 그것[전복]도 있으니까. 옥영이 형님 아시는 분이 조도인가요, 거기서 양식을 하고 계세요. 진실호 타고 가가지고 애들 먹인다고 좀 많이 샀죠(웃음). 엄청 잘 먹더라고요. 모자랄 뻔했어요.

면담자　　　(웃으며) 학생들이니까 엄청 먹었겠죠. 아버님들이 고생해 가지고.

소희 아빠　　　그때 가면 음식 같은 걸 제가 다 했거든요. 닭이고 뭐고 엄청 사 갔는데도 와, 먹성 끝내주대요.

면담자　　　처음에는 돔은 없고 파란 천막을 직접 설치하신 거고, 거기서 식사와 숙박도 하신 건가요?

소희 아빠　　　그렇죠. 물은 어차피 안 되니까 물은 옥영 형님 집에서 떠다가 썼고. 그게 제일 힘들었죠, 매일같이. 엄마들이 들어오시게 되면 엄마들은 힘드시잖아요, 지게 지는 거. 아빠들이 먼저 가 있으면 물을 두세 통 떠다 놓으면 정수통에다가 갖다 놓으면 어머님 쓰시고. 그다음에는 아빠들이 또 들어가야죠. 엄마들이 들어가면 물이 없으니까 힘드시잖아요. 그런데 우리 가족 엄마들은 너무 용감해서 다 메고 다녀요.

면담자　　　(웃으며) 쉽지 않은 길이었을 거 같은데요.

소희 아빠　　　저는 거기 있을 때 새벽에도 왔다 갔다 하고 그랬는데요. 무섭다는데 저는 무서운 줄 모르겠더라고요. 번개가 옆에서 쳐가지고 나무[에] 맞고 그런 적도 있어요. 번개가 팍 치더[니]만 나무에 딱 맞더만. 그냥 참… 비가 엄청 오는데 보름도 혼자 있어봤는데요, 저는. (면담자 : 혼자 계셨어요, 거기에?) 네, 많아요.

면담자　　　매주 교대로 들어가신 거죠?

소희 아빠　　　그게 안 되는 반이 있었어요. 그때에는 제가 무조건 다 들어갔었어요.

면담자　　　반마다 교대할 때 어떤 순서로 들어가나요?

소희 아빠　　　섞여서 부부가 들어간 적도 있고요. 반이 [구성]해가지고 엄마들만 해가지고 들어가신 쪽도 있고, 아빠만 들어가신 분도 있고 뭐.

면담자   10개 반이 교대로요?

소희 아빠   왜 빵구가 나냐면 제가 많이 들어간 이유가 그거예요. 반이[반에서 인원 구성이] 안 되면 요청이 오죠. 그러면 제가 내려갔던 거죠.

면담자   동거차도에 머무르실 때 이옥영 선장님이나 현지 주민분들을 만나시잖아요, 관계나 에피소드 좀 얘기해 주시겠어요?

소희 아빠   뭐 관계랄 게 뭐가 있어요, 에피소드….

면담자   덕원호 선장님은 언제 어떻게 처음 만나셨어요?

소희 아빠   선장님은, 어차피 그… 아까 얘기했듯이 브[이]티에스로 확인하니까 굉장히 빠른 배가 덕원호였더라고요. 그래서 "그분을 좀 만나야 될 것 같다" 그래서 만나고. 당시에 사고 났을 때 그런 내용 좀 듣고. 그래서 알게 되어가지고 전화번호를 받아서 설명을 드리니까 "그럼 내가 해드리겠다" 그렇게 해서 계약하게 된 거고.

면담자   이옥영 씨는요?

소희 아빠   옥영 형님이라고 거기 앞에 사고 현장에 보면 미역 하신 분, 그 형님이고요. 그 형님하고는 워낙 친해 가지고.

면담자   그분과 차남표 선생님이 아이 한 명을 찾으셔서.

소희 아빠   당시에 지성이고요. 그 형님도 트라우마가 너무 심하잖아요. 그래서 지금 관홍이법이 빨리 통과해야 하는 게 그런 이유예요. 그때 당시에 시민 트라우마도… 옥영 형님 같은 경우에는 〈비공개〉 그게 너무 힘들어 가지고, 그 형님 술을 많이 드셔가지고 간이 굉장히 안 좋아지신 상태고 [간에] 그런 치료를 받아야 되는데, 거기까지는 국가에서 아직 못 하고 있는 거죠. 그래서 연대 회의하고 민변하고 회의를 해서. 그게 지금 걸려 있잖아요. 걸려 있는 이유는, 사유는 그거예요 "너무 광범위하다. 가족만 하면 해주겠다". 그런데 거기에 지금 저희가, 회의가 논의하는 게 뭐냐면 일반 시민들, 당시에 잠수사들 있잖아요. 특별법에서 빠졌잖아요, 잠수사들이. 그래 가지고 그게 관홍이법이라고 만든 게 바로 박주민 최고위원인데 "전부 다 치료를 받아야 된다", 당시에 시민 자체도 그렇고. 일단은 그게 통과가 안 돼가지고 지금 걱정이에요.

면담자   주민분들은 동거차도 들어가서 만나시게 된 건가요?

소희 아빠   네, 거기서 뵙고. 저 같은 경우는 먼저 뵈었죠, 25일 날 먼저 들어가서. 옥영이 형하고 지성 아버님하고 의형제 맺으셨잖아요, 지성이 그거[수습했기] 때문에. 그래 가지고 소개를 해주는데 그 얘기를 하시더라고요. 그때부터 친하게 지내니까 이제는 "이 새끼, 저 새끼" 욕하고… 전화하면 안 온다고 막 욕하고. 엊그저께 철수할 때도 안 가려고 그랬는데, 〈비공개〉 올라와서 다음 날 2시에 밥 먹고 바로 또 신항으로 내려왔잖아요. 그래서 동거차도[에] 들어갔잖아요, 다음 날. 2일 날 내려왔는데 그때 또 전화 와가지고 안 온다고 얼마나 욕을 하던지.

면담자   (웃으며) 다른 주민분들도 그때 관계 맺으셨어요?

소희 아빠   2구 계신 정록이형, 그 이장님 있잖아요? 워낙 친하니까, 거기 가면 노래방도 있고, 그 형님 막사 가면 별게 다 있어요, 북도 있고. 일단 어장 하시니까 뭐 좋은 거 있으면 "오라" 그래서 같이 술 한잔하고 그랬었죠. 그게 마을 옥영 형님 근처에 사시는 할머니 할아버지, 나이 드신 분이 많잖아요. 뭐 이렇게 메고 올라가거나 내려오면 항상 인사하고 고생한다고 그러시고 응원을 해주시더라고요. (혀를 차며) 옥영 형님 앞에 있는 새로 집을 지으신 분이 계셔요. 그 형님도 많이 친해져 가지고…. 저야 뭐, 거의 "들어와 살아라" 할 정도까지 왔으니까. "너 들어오면 집 한 채 줄게", "그거 얼만데요?" 600만 원밖에 안 한 대요(웃음). 〈비공개〉

면담자   2015년에서부터 동거차도에 자주 머무르시고 서울이나 안산도 계속 올라오셨던 거죠?

소희 아빠   서울에 행사 있으면 무조건 다 올라왔죠. 그리고 행사 끝나면 또 바로 다음 날 내려가고 그게 반복이었죠.

6
교실 존치, 청해진해운 소송

면담자 　　2015년 9월 23일에 정부랑 청해진해운을 상대로 가족협의회가 손해배상청구소송을 제기해요. 기억나세요?

소희 아빠 　　그렇겠죠. 저도 소송을 했는데.

면담자 　　이때 내부 논의 같은 거 기억나시면 얘기해 주세요.

소희 아빠 　　그때에도 자체 회의는 말할 것도 없죠. "당연히 해야 된다, 소송을 해야 된다" 그거였고. 저희 같은 경우에는 많이 갈라졌잖아요. 해수부에서는 와가지고 갈라치기를 좀 많이 했죠. 일부 [생존 학생] 부모님들을 만나가지고 "뭐 하면 얼마를 더 줄 테니까 많이 오서라". 정말 많이 가셨죠, 열여섯 가정 빼고. 원래 세 가정은 아예 하지를 않았어요, 아예. "보상이고 뭐 이런 거 다 싫고 그냥 끝내자". 이런 부모님들 세 분 계셔서 그렇게 끝내셨고, 나머지 분들은 합의를 하는 데 가셨죠. 그리고 남은 게 저희 열여섯 가정이 남았죠. 그래 가지고 소송을 하게 된 거고. "가족협의회 하고 같이, 소송을 같이 가는 게 맞다" 그래서 저 또한 지금 소송 중이고요.

면담자 　　네. 이때는 교실 문제로 굉장히 시끄러웠던 때인데요, 기억나시나요?

소희 아빠 　　(한숨을 쉬며) 교실 가서 지키고 있는데 제가 내려와 가지고 바로 일이 터졌죠. 우리 생존자 아빠 중에 자기 아이 책상을 빼고….

면담자   교실 존치 관련해서 어떤 일이 있었는지 얘기해 주시겠어요?

소희 아빠   '교실은 존치를 해야 된다'고 저는 그렇게 생각했고요. 그게 치운다고 되는 게 아니잖아요. 물론 합의를 한다고 오서 가지고, 합의라 그래야 되나 뭐라 그래야 되나. 그런 거[합의] 했던 분들이 다 학교를[에서] 지금 바깥으로 몰아내는 장본인들이고. 그리고 저희는 모르겠습니다. 합의한 사람하고 안 한 사람, 소송한 사람하고 차이라서 그런지 모르겠지만 그렇게 같이 싸우다가 합의를 하고 나니까 아이가[동생이] 1학년이 되었다 그래서, [입장이] 바뀌어서 책상을….

원래 교실 책상이고 그런 건 다 개인 게 아니에요, 교육청 거지. 그럼 손을 대면 안 되는 거잖아요. 그럼 절도잖아요. 그렇게 와가지고 그러는 게 너무 창피했고요. 같은 생존자[학부모]로서 그게 너무 창피하더라고요. 그리고 물론 자기 아이의 책상이라고 했지만 그건 아니잖아요, 부모가 되어가지고. 아이는 그걸 원치 않고 보존을 원하고 있는데 부모가 동생이 1학년으로 들어왔다 그래도. 저도 마찬가지로 저희 막내를 갖다가 다른 곳[고등학교]에 집어넣었는데도, 그런 생각 자체가 너무 화가 났어요. 창피하고 화가 나고.

면담자   당시 단원고의 다른 재학생 부모들 중에는 교실을 철거하자는 움직임도 있었던 건가요?

소희 아빠   그렇죠. 이미 그분들은 당시에 아이들이 3학년이었을 때, 2학년 1학년 아이들 부모들은 그런 걸 논의를 하고 있었고요. 그중에서도 거기 들어가서 우리 생존자 부모님도 그런 분도 계셨고. 왜냐면 제가 회의를 들어갈 수 있는 자격이 뭐냐면 아이가 1학년이기 때문에 들어갈 수 있어요. 들어가서 봤는데 앞에 나와서 그런 얘기를 하는 거 보고 화도 났고 창피하기도 했고 그랬어요, '이건 아닌데…'. 거기에는 유가족도 있었거든요. 유가족 동생 아이들도 1학년에 들어온 애들 많았거든요, 사무처장 막내도. 그때 당시에 사무처장이 좀 화가 많이 났죠.

면담자   가족협의회 안에서도 의견이 좀 갈렸죠?

소희 아빠   내줘야 한다는 부모님도 계셨고요, 계속 가야 된다는 부모님도 계셨고 그때에는 많았어요. 학교를 없애야 한다는 부모님도 계셨고, 그때 학교를 초창기 때 못 없앤 게 한이라는 그런 분도 계셔요, 유가족 중에. 아이가 없는 그런 부모들은 "아예 학교를 없앴어야 된다". 지금은 [안산교육지원청 자리로] 나와가지고 하고, 따로 [4·16기억교실] 만들어져 있는데 뭐… 그것도 나쁘지 않다고 봐요. 교실을 아이들한테 다시 내줘야 된다는 거는 좀 있었긴 있었는데 좀 다른 방향이 많았어요. 학교를 한 층을 더 지어서 위로 하든가 아니면 강당을 크게 하나 지어서 거기에 다 모아서 하는 거, 이런 것도 있었는데 교장선생님이 [방향을] 틀었죠. 그걸 애진이 아빠가 다 만드는 데 되게 힘들었거든요.

면담자　교장선생님이 새로 오신 분이죠?

소희 아빠　네. 특조위 1기 때도 학교가 일단 연관이 있으니까, [증언]하라 그래도 안 나오셨죠. 벌금을 내셨죠, 1000만 원. 2기 때도 또 부를 거예요, 저희.

면담자　2015년 말부터 그다음 해까지 계속 교실 존치운동이 있었던 거잖아요?

소희 아빠　네. 시민도 있었고, 저희도 가족들은 그 앞에서 있었고.

면담자　그때 계속 지키려고 교실에서 밤새기도 하고, 혹시 아버님도 거기 계셨나요?

소희 아빠　네, 저도 있었어요.

면담자　혹시 기억나는 일이 또 있으세요?

소희 아빠　또 바뀌셨잖아요, 교장선생님이. 와가지고, 체육대인가 나오셨다 그랬어요, 그 교장선생님 세 번째 바뀌었을 때. 그런데 [협약식 행사 현장에서 갑자기] 기절하고 그런 거, 숨어가지고 나오지도 않고. 애들 가서 떼어보니까 다 저거… 제적이 되어 있고. 그래 가지고 그거 때문에 또 한창 싸웠고. 뭐… 와가지고 큰소리 뻥뻥 치고(한숨). 나는 그 사람들, 그 교장님 바뀐 사람들 전부 다 개인적으로는 진짜 마음에 안 들어요. 학교에서 아이들이, 생존한 아이들이 왔는데 그렇게 행동했던 것도 나는 너무 화가 나고요.

　　그때 당시에 스쿨닥터 선생님 계시잖아요. 김×× 선생님이라고. 그 선생님은 "지금 아이들한테 하는 건 완전히 이건 아니다[잘못된 것이다]"라고 반발해서 싸운 분들도 계셨어요. "생존아이들한테 그게 하는 게 뭐냐?" 교실을 잠근 적도 있어요, 아이들이 들어간다고 그래 가지고. 아예 문을 열쇠를 다 채워놨었죠. (면담자 : 학교에서요?) 네. 교장선생님 면담해 가지고 "다 풀어라, 왜 그걸 잠궈놓냐" 그런 것도 있었고 뭐…(한숨).

면담자　　그때 교실 존치 둘러싸고 의견이 많이 갈렸나요? 교육청도 있고 시민들도 있고 단원고도 있고 학부모들도 있고요.

소희 아빠　　일단은 그 당시에 학교에 오셨던 분들은 "[기억교실을] 손질을 계속해야 된다. 학교를, 반[교실]을 계속 냅둬야 된다" 이런 분들이 부모님들이 다 모이셨고요. 일반 시민들도 마찬가지로 그러셨고…. "보존을 해야 된다"라는 부모님들이 많으셨죠, 좀. 한 6 대 4 정도. 그리고 이걸 "정리를 해야 된다"는 부모님들도 계셨고, 아예 "모르겠다" 이런 부모님도 계셨고, 말 그대로 "학교를 없앴어야 된다, 없애야 된다" 이런 분도 계셨고 많이 갈렸죠. 그런데 대부분 거의 뭐 "학교에 계속 교실을 냅둬야 된다"라는 쪽으로 갔었어요.

면담자　　대법원에서 청해진해운 김한식 대표를 유죄 확정 선고 한 게 10월 29일이고요. 11월 12일에는 이준석 선장한테 무기징역 선고가 있었는데요. 당시에 대법원 판결을 어떻게 생각하셨는지 궁금합니다.

소희 아빠 박윤수

소희 아빠   선장 같은 경우는 지금은 무기징역이 아니잖아요. 다 깎…, [선원] 박××서부터 시작해서 쫙 해가지고 다 감면이 되었잖아요. 나오신 분도 계시고. 해경 123정 같은 경우에는 강의를 하고 다녀요, 세월호에 대해서. (면담자 : 아, 그래요?) 되게 웃긴 거죠. 그렇게 해가지고 처벌을 받은 사람이 해경은 딱 123정 [정장] 하나고, 선장 같은 경우에는 이준석 선장. 그 외 분들은 다 감면되어 가지고 그걸 갖다가 다시 뒤집으려 그랬더니만 "같은 거 갖고는 [재심이] 안 된다" 지금 법원에서 그렇게 나왔고요. 거기에 대해서 어떻게 할 건지 회의를 하고 있어요, 다들.

면담자   그때 당시에는 어떻게 생각하셨어요?

소희 아빠   말이 안 됐던 거죠. 선장 하나 갖고…. 말 그대로 살인인데, 살인이잖아요. 그런데 그게 그렇게 된다는… 선장 하나 갖고는 안 되고, 제대로 된 처벌을 받아야 되는데 그게 제대로 안 됐다고 생각해요, 저는. 해경도 마찬가지로 다 승진해서 다 포진해 있어요, 다른 데. 그것도 말이 안 되는 거고. 책임을 져야 될 사람들이 승진을 해서 다 포진을, 해수부[해경]에 포진해 있다는 게 너무 웃기고요. 그 사람들 다 다시 처벌받아야 한다고 생각합니다.

면담자   2015년 11월 19일 특조위의 청와대 조사를 저지하기 위해서 해수부가 작성했던 지침문건이라는 게 공개가 되었는데요. (소희 아빠 : 네, 맞죠) 여기에 여당추천위원의 총사퇴 등도 언급되어 있었다고 합니다. 지침문건의 존재 여부를 사전에 짐작하셨나요?

소희 아빠   저희는 그런 건 몰랐죠. 나중에 그런 게 참 보고 나서 '무섭다'는 생각이 들었어요. 그냥 개인적으로는 '참 무섭다…'. 이런 게 다 준비가 되고 그렇게 계획을 짜서 한다는 게 너무 무섭…. 당시에 해수부 같은 경우에는 회의를 매일같이 하고 있었고요, 인양분과 그거였으니까. 매일같이 만날 때마다 회의, 평상시 회의했는데 이런 문건이 거기서 나와가지고 돌아다닌다는 거 자체가 '야, 이 사람들 진짜 무서운 사람들이다'. 지금은 말 그대로 기무사부터 해가지고 그거[기무사 '계엄 문건'] 보고는 더 어이가 없었고요.

면담자   회의에는 인양분과장과 인양분과팀장이신 아버님, 이렇게 두 명이 가셨던 건가요? (소희 아빠 : 네) 그러면 이 문건 공개 이후에 가족협의회 차원에서의 내부 반응과 논의가 어땠어요?

소희 아빠   고소, 고발이었죠. "이걸 어떻게 해야 될 것인가" 그런 거였는데. 지금 기무사 같은 경우에도 들어갈 거예요, 그게. 지금 회의 중이고요. 가만두면 안 되겠죠. 개인정보에서부터 시작해가지고 저희 세월호 가족들 다 털렸잖아요. 말 그대로 털렸잖아요. 탈탈 털렸어요, 말 그대로. 한 달 만에 연수원에 있다가 집에 가니까 뭐가 편지가 하나 와 있어요, 해수부에서. 통신부터 시작해서 전화서부터 당시에 아이하고 카톡 했던 그런 자료 다 지워지고. 그걸 통신회사에 전화를 했더니만, 제가 그때 SK이었거든요. 여자 한 명이 뭐 들어온 지 얼마 안 됐다고 얘기하는데 "해수부에서 달라고

해서 줬다"라고 들었어요, 연수원에서 저는 안에서 있을 때.

면담자   2014년에 바로?

소희 아빠   네, 바로. 그러고 나서 그게 퍼지니까 부모님들이 난리가 난 거죠, 삭제된 것도 있고. 그렇게 통신… 그것도 집에 가니까 편지가 하나 있는데 해수부에서 와가지고 통신법에 의해서 어쩌고저쩌고…. 그런데 사전, 먼저 그걸 보내고 그다음에 해야 되는데 거꾸로 했죠. 먼저 다 하고 나서 "했었다"라고 통보를 한 거죠. 그거 해서 승소했잖아요, 저희. (면담자 : 승소하셨어요?) 네. 1000만 원인가 아마 국가에서 배상 나왔을 거예요. 가족협의회에 다 들어가 있고.

면담자   지침문건 이후에 해수부 장관이랑 특조위 부위원장, 이헌 부위원장 활동방해로 고발하셨잖아요?

소희 아빠   (한숨을 쉬며) 그거는 잘 모르겠는데. 기억이 안 나…. 저희가 고소, 고발한 게 굉장히 많아요. 이런 게 하나가 아니에요. 어마어마해요. 끊임없이 법원을 왔다 갔다 해야 돼요.

면담자   고소, 고발은 어느 분과에서 관리하세요?

소희 아빠   그거는 사무처에서 아마 하실 거예요, 집행위원장하고 운영위원장이 그런 건. 기무사도 마찬가지고 이번 것도 아마 들어가셨을 거예요, 또 따로. 저는 안 넣었는데. 가족협의회 해가지고 대표성으로 해가지고 몇 명만 해가지고 고소, 고발 들어갔을 거예요, 지금. 어마하게 많죠. 애진이 아빠 같은 경우에는 그 학교 해 가지고 이상한 거 뭐 걸어놓고 그랬잖아요. 그때도 고소, 고발 다 들어갔었고요.

면담자　　그러면 특조위가 진행되고 있고 인양도 하고 있고 인양감시도 하고 계시고, 그리고 관련해서 해수부랑 회의에 계속 들어가시는 건가요?

소희 아빠　　동거차도… 동거차도[에서 인양 과정을 감시하기로] 결정 나가지고 그렇게 되면서 저는 거의 회의나 이런 데에는 참석을 못 했고요. 거의 동거차도에 내려가 있었고 그런 상황이었죠. 회의 는 거의 인양분과장, 진상분과장, 그리고 정말 좀 필요하다 그러면 집행위원장님하고 운영위원장님이 같이 동석해서 들어가고 그랬 어요.

면담자　　4·16연대에서도 들어가나요?

소희 아빠　　연대에서도 들어갔었죠. 지금도 그거 때문에 회의하 고 그러고 있어요. (면담자 : 왜요?) [4·16]연대… 그 관홍이법 있잖아 요. 거기서 지금 그래 가지고 특조위에 요청을 했어요, 자료를. 그 랬더니 "가족 외에는 참석이 안 된다" 그래 가지고 저희가 다 포진 해 있는 거고요. 그리고 [자료를] 공유해서 어떤 걸[일을] 하고 거기에 대해서[하기 위해] 대처를 해서 같이 회의를 해서 싸우고 있죠, 지금.

7

2015년 특조위 1차 청문회와 사찰

면담자　　　특조위 1차 청문회가 12월 14일부터 16일까지 서울 YMCA 대강당에서 열렸는데 이때 가셨나요?

소희 아빠　　　네, 그때 준비할… 특조위 조사신청서를 갖다가 준비하고 있었고요. 같이 했었고, 갈 때마다 제가 그거[조사신청서] 정리를 해드리고 그랬었죠.

면담자　　　이거 개최에 앞서서 가족협의회에서 계속 준비와 논의를 하신 거죠? 어떤 것들이 있었는지 얘기해 주시겠어요?

소희 아빠　　　일단 뭐 조사신청서를 기본으로 만들어야 되니까, 부모님들 오셔가지고[조사신청서는 작성하고] 그런 거. 자료실에서 당시에 진상분과장, 인양분과장[이], 그거[청문회] 하기 전에 어떻게 할 것인지를 갖다가 계속 회의를 했었고요. 그걸 당시에는 진상분과장, 인양분과장 그리고 사무처에서 관리를 했기 때문에 그런 것들을 계속 논의를 했었고요. 조사신청서를 갖다가 부모님한테 각자 다 받아야 되니까 그런 거 계속했었고.

　　그리고 특조위[에] 올라와서, 특조위 회의를 같이 해가지고, 회의라 그래야 하나, 어떻게 할 건지 그런 것들 논의를 좀 하고. 준비 과정에서 제가 한 6개월인가, 너무 1기가 길게 오다 보니까 6개월 정도 하다가… 6개월인가 몇 개월 하다가 중간에 동거차도 때문에 이제 빠진 상태였죠. 나머지 분들[은] 계속 준비하고 계셨고. 회의는 거의 인양분과장, 진상분과장이 가셨고 위원장님들이 가셨고, 애진이 아빠 들어갔고. 저는 일단 이쪽 밑에[동거차도] 일 좀 정리를 해야 되니까 밑에 내려와 있었고요.

면담자   청문회 전후로 가족협의회의 반응에 대해서도 기억나시는 점 있으세요?

소희 아빠   청문회에서는 인양분과장님 같은 경우에는 아시다시피 동수 사진[을] 그대로 저거[공개] 해가지고, 그것 때문에 좀 얘기를 많이 했었어요. 이걸 해야 되냐 말아야 [되냐]…. 동수 엄마는 아예 그 사진을 못 봤다 그러더라고요. 그리고 지금 진상분과장이죠. 진상분과장은 구백몇 개를 갖고 있어요, 아이들 사진 그거를. 핸드폰에 넣어갖고 다녀요. 그리고 인양분과장은 신항, 배 올라왔을 때 바로 세우기 전에 되게 위험했잖아요. 아예 유서를 갖고 다녔고요, 주머니에다가. 그 정도 각오로 하고 했었으니까….

진상분과장은 좀 많이 봤죠, 팽목에서 아이들 올라오는 거를. 준형이인 줄 알았더니만 나중에 보니까 바뀌어가지고 아이가, 다시 들어가고, 그런 사진들도 많이 갖고 계시고. 팽목에서 많이 싸웠죠, 카메라도 많이 부쉈고. 아시다시피 워낙 언론에서는 이상하게 보도를, 맞지 않는 보도를 하다 보니까. 유튜브에 보면 영석이 아빠 욕하는 거 나오고 막…(웃음) 욕하고, 여자 그 저건데 욕하고 그런 것들 있잖아요. 그게 바로 당시에 그 정도였어요.

면담자   청문회 때요?

소희 아빠   청문… 아니요, 아니요. 그[구조하기] 있었을 때, 초창기 때. (면담자 : 초창기 때?) 그때 뭐가 막 날아다니고 그랬어요. 카메라 다 부숴지고 그랬어요. 청문회 때는 동수 아빠가 사진, 그거 한참 회의했고요. 그거…(한숨) 인양하기 전에 수중촬영을 먼저 하려 그랬잖아요. 그래서 인양분과장이 담당해 가지고 저랑, 집행위원장이죠. 예를 들어서 이런 거예요. 미술관에 있는데 그런 것 때문에 회의를 했어요, 수중촬영을 하려고 잠수사를 두 분을 모셔 와 가지고.

그다음에 저, 애진이 아빠, 집행위원장이 있는데 배터리를 다 분리시켰어요, 전화기를. 그때 당시에 한참 도청해 가지고, 너무 가족협의회가[회의 내용이] 새어나가는 거예요, 얘기가. 그래서 "이건 아니다" 그래 가지고 집행위원장, 애진이 아빠, 저, 잠수부 두 분 "자, 다섯 명 배터리 뺍시다" 그러고 그 자리에서 다 빼가지고 회의를 했거든요. 2시간 만에 해수부에서 전화가 왔어요. "꼭 그렇게 촬영하셔야 되냐"고, 정말 무서웠어요.

면담자   아, 어디서 빠져나간 거예요?

소희 아빠   모르죠. 그래 가지고 교수님인가 와가지고 저희 컴퓨터 전부 다 저거[검사] 했잖아요. 그런데 이상은 없다는데 어떻게 얘기가 나갔는지, 회의하고 있는데 전화가 왔다니까요. 참 무섭더라고요. (면담자 : 장난 아니네요) 어이가 없어 가지고. 아니, 다섯 명이서 어디 간 것도 아니고 딱 커피 마시면서 회의를 하고 있는데 2시간 만에 전화가 와요.

면담자   벽이나 어디 화분에 숨겨놓은 그런 건가요?

소희 아빠   아니 그걸 다… 교수님 계셔요. 저거[검사] 하는 거 다 하셨어요. 컴퓨터까지 전부 다 싹 했는데 아무것도 없어요. 그런데 그런 정보가 어디서 나가는지 도대체 난. 말 그대로 도청밖에 더 있겠어요, 먼 데서?

면담자   2015년 말에 참 분위기가 정말 장난 아니었네요.

소희 아빠   그때는 뭐 거의 난리가 아니었죠. 자료실에서부터 시작해 가지고 컴퓨터 연결을 아예 차단시켜 놓고 그 자료만 계속 보관하는 거죠, 나갈까 봐. 지성이 아버님은 해킹까지 당했잖아요. 아예 컴퓨터[에] 들어와 가지고 다 뒤져놓아 가지고 그거 다시 복구하시는 데 힘들었죠. 포렌식하는 데 굉장히 많은 돈이 들어갔죠.

면담자   2015년에는 그런 삼엄한 분위기 속에서 주로 동거차도에 내려가 계시고….

소희 아빠   네. 진상분과장은 말 그대로 뭐, 거의 저희 각 분과장들은 다 따라다녔어요, 국정원이. 여기 가니까 한 명 따라 붙으니까 진상분과장이 아예 전화해 가지고 "한 명만 붙이라"고. 그게 왜 그러냐 그랬더니만 말 그대로 구역이 틀려서요. 두 명씩 따라붙고 그래 가지고 성질나 가지고 막… 우리 어디 내려가는데 잡았잖아요,

직접. 국정원이라고 아예 대놓고 얘기하더라고요. "죄송하다"고 "그런데 위에서 시키는 거라 어쩔 수 없다" 그런 것도 있었고요.

면담자　　　영화네요. 동거차도까지 들어왔나요, 혹시?

소희 아빠　　　그건 모르죠. 아마 제가 봤을 때에는 학교에도 들어 왔었을 거고요. 연수원에 있을 때도 아마 들어왔었을 거예요, 저희 가 몰라서 그렇지. 지금은 보면 알죠, 저희들은. 그리고 광화문 가 면 그 정보원들 있잖아요. 얼굴 다 알잖아요, 이제는. 웬만하면 쟤 정보원이다, 다 알아요. 인사도 해요. 어저께 "오래간만이야" 그랬 더니 되게 반가워하더라고요(웃음).

면담자　　　팽목항에 있을 때 체육관에서부터 그랬다고.

소희 아빠　　　아마 지금 영상, 제가 말씀드린 게 21시간을 받았잖 아요. 영상 확인하면 다 나와요, 이제는. 저는 확인을 안 했는데 인 양분과장이 하는 소리가 "굉장히 많았다"라고…. 대충 얘기는 들었 는데 저도 조만간 볼 거예요, 전부 다.

면담자　　　혹시 국정원 쪽에서 고백을 한다든가 그런 일은 없 었나요?

소희 아빠　　　뭔 고백이요?

면담자　　　국정원이나 정보요원들과 더 대화하신 건 없나요?

소희 아빠　　　그런 건 없었고요. 광화문 가면 일단 앞에 서 있으면 정보원 붙어가지고 "어느 쪽으로 가십니까?", "뭐… 저쪽으로 갈 건데요" 그러면 "예. 그럼 몇 시에 철수하실 거예요?" 안 가르쳐주죠 (웃음). 아예 옆에 슬쩍 와서 물어봐요, "아버님, 저거[시위] 하는데 어느 쪽으로 가실 거고". 대충은 알고 있는데도 와서 직접 물어보니까… 나중에는 그냥 얘기해 줬어요. "여기 해가지고, 광화문 돌아가지고 갈 거"라고 그랬더니 "알겠다"고, "차 저기 대기시켜 놓겠다"고 [말할] 그 정도까지 서로 '상부상조'한 거죠, 나중에는.

면담자   (웃으며) 지금까지 2015년에 대해서 쭉 질문드렸는데 혹시 제가 빠뜨린 거나 이런 거 있나요?

소희 아빠   글쎄요, 저도 잘 모르겠는데요.

면담자   2015년은 소희가 고3이었는데요, 혹시 고3 생활이나 이런 거는 기억에 남는 일이 있으신지?

소희 아빠   일단 아이들 대학교 그거 때문에 준비하느라고 너무 힘들어했고요. 75명이니까 아예 안 나오잖아요. 그래서 [특례입학을] 받아서 간 거였는데 그게 너무 싫었고, 소희는 아예 "재수를 하겠다" 그랬는데 "그러지 마라. 좀 가라" 그래 가지고 단국대를 갔는데 1년을 다니다가 휴학계를 내더라고요. 그걸[수업을] 따라갈 수가 없는 거죠.

면담자   지금도 휴학 상태인 거죠?

소희 아빠   네. "나중에 학위 하고 싶으면 얘기해라" 그랬더니 알았다는데 공부는 그렇게 하고 싶지가 않은가 봐요.

면담자   그 당시에 특례입학 이런 얘기가 좀 됐었잖아요?

소희 아빠   "정말 받기 싫다"고 얘기를 하더라고요. 그래서 "대학은 나와야 되지 않냐" 강제로, 반강제로 제가 넣었죠. 그런데 그게 너무 아니었던 거 같다. 차라리 휴학계를 내고, 그냥 휴학계 내고 다음 해에 수능 치렀으면 좀 낫지 않았을까. 정말 가기 싫어하더라고요. 그런데 어떡해요. 2학년에서부터 아예 공부를 아이들이 못 했는데, 3학년 때에도 마찬가지였고요. 그래서 지금은 딱히 얘기를 안 해요, 그냥. "네가 선택한 길이니까 그게 네가 좋다면 그 길로 가면 된다" 그렇게만 얘기하죠.

면담자   당시에 생존 학생들이 대부분 특례입학을 받았나요?

소희 아빠   받은 아이도 있고요. 원래 전교 1, 2등 했던 애들이 생존했잖아요. 뭐 그런데 거기에도 말[이] 많았잖아요. "문제아들만 살았다" 이런 것들. 그리고 당시에 광주 재판에서 해경, 해수부 개 담당하는 누구야, 청해진…. (면담자 : 네, 청해진해운) 그… 나온 애가 하는 소리가 "똑똑한 애들은 다 나왔다" 이런 발언들부터 시작해 가지고 아휴… 너무 싫었죠, 진짜.

8
2016년 특조위 조사 신청과 생존 학생들의 졸업식

면담자   (한숨을 쉬며) 이제 2016년이 되어서 참사 2주기일 그리고 희생학생들을 제적처리 한 게 드러나서 원상복구를 하라는 농성이 있었고, 김관홍 잠수사님 타계가 있습니다. 그러고 나서 4·16기억교실 기록물을 정리한 후에 태블릿 PC 보도가 터지면서 정국이 움직이는데요. 2016년 상황으로 들어가 보도록 하겠습니다. 특조위에서 3월 11일에 사건조사 신청접수를 마감했는데 이때 가족협의회에서 239건의 조사신청서를 내셨어요. 그중에 조사 결정이 176건이 나왔는데, 이때 조사신청의 주요 방향은 어떻게 설정을 하셨어요? 이와 관련한 내부 논의들에 대해서 얘기를 해주세요.

소희 아빠　　일단 조사신청서는 받은 게 뭐냐면 물론… 뭐 그렇게 많지는 않지만 학교, 교육청. 당시에 학교하고 교육청하고 거기에 해수부가 됐든 해양[경찰]청이 됐든 그런 것들이었죠. 조사신청서를 그때 당시에 부모님들을 갖다가 말 그대로 돌리는 사람도 있었고요. 팽목에서 끌고 다니면서 뭐 그런 것들. 이런 것들을 어떻게 조사할 것인가를 갖다가 계속 회의를 했죠. 그런데 학교 같은 경우에는 저희가 놓친 게 바로 그거예요. 1기 특조위 때 교육청[조사 신청]을 뺐잖아요. 만들어져는 있었어요.

　　그런데 너무 크게 광범위하게 있어 가지고 진상분과장이 저거 [바뀌] 하면서, 박종대 씨 있잖아요. 원래 진상분과장에서 지금의 장훈 진상분과장으로 바뀌면서 약간 문제가 있었어요, 좀. 뭐냐면 조사신청서를 넣는데 개인적으로 '박근혜 7시[간]'를 넣어버린 거예요. 그러니까 저쪽, 말 그대로 지금의 야당에서 난리가 난 거죠. 7시간 뭐 그거…. 그런데 그 아버님은, 저희는 밑에서부터 해가지고 위로 올라가려고 그랬는데 그걸 탁 넣어버리니까, [박근혜 7시간] 조사신청서를 넣어버리니까 난리가 나가지고 중간에 약간 많이 복잡해졌죠. 가족끼리도 많이 싸우고. 사전협의를 해서 했으면 좋은데 그 아버님은 그게 아니었으니까. 자기[가] 갖고 있는 자료[를] 갖고 넣으신 거죠.

면담자　　다른 가족분들도 몰랐던 거예요?

소희 아빠　　조사신청서는 세월호 가족이면 누구든 넣을 수가 있어요, 개인적으로….

면담자　　가협 차원에서 넣지 않더라도요?

소희 아빠　　가협 차원에서 한 게 아니라 개인적으로 특조위에다 내버린 거죠. 그러니까 그 난리가 나서, 교육청 이쪽을… 밑에는 아예 신경을 못 썼던 거죠. 2기 때 아마 지금 다시 [교육청도 조사] 하게 될 거예요. 학교에서부터 시작해 가지고 당시에… 수학여행을 어떻게 해서 갔는지. 학교에 임원들 있잖아요, 결정도 났고. 그 임원 중에서도 지금 희생자 부모님이 계신 걸로 알고 있고요. 생존자 우리 가족 [중]에도 임원인 사람으로 알고 있는데, 다들 함구하고 있잖아요, 지금. 얘기를 안 해요. 당시에 어떻게 해서 그렇게 됐고, 쟤들을 왜…. 선생님이 가가지고 희생이 되셨잖아요, 선생님이. 그런 증언이 있어야 되는데 그분들이 돌아가시고 나니까 어떻게 가게 됐는지 이런 거… 사전답사를 갔는데 뭐 타고 갔는지 이런 것들…. 다시 2기 [특조위]에서 해야죠.

면담자   혹시 생존 학생이나 생존 학생 부모들이 따로 특조위에 신청서를 낸 것이 있었나요?

소희 아빠   저희도 신청서를 넣었고요. 애진이 아빠가 그걸 만들었고, 다. 거기에 뭐… 그런데 생존 학생[학부모이다] 보니까 크게 뭐라 그럴까… 아무튼 거기에 다 속해져 있어 가지고. 이거 제하고 저거 제하고 하니까 그렇게 많지는 않았어요.

면담자   생존 학생들 측에서 낸 것이요?

소희 아빠   네. 이미 유가족… 똑같은 걸 갖다가 여러 개 넣을 수는 없잖아요. 분류를 해가지고 하니까 거기에 다 들어가 있더라고요. 그래서 그거를 [조사신청서를 정리]해 가지고 [제출]한 거고. 저희[생존자] 거는 몇 개 안 되는 걸로 알고 있어요.

면담자   혹시 가협 내부에서 일단 유가족 것을 중시한다든지 그런 건 없어요?

소희 아빠   아니요, 그런 건 없었고요. 가족이면 누구든 당연히 해야 되는데 단지 겹치는 거니까, 먼저 넣으신 분이 계시면 그분 거를 먼저 하는 거고. 거기에 우리 유가족[이 낸 조사신청서]이지만 생존가족하고 겹치는 게 많아요. 그래서 저희가 소송 간 법원은 지금 먼저 유가족 게 끝났잖아요. 그거[를] 바탕으로 하고 있잖아요. 그게 다 겹쳐지니까, 두 개를 똑같이 하면 시간이 오래 걸리니까 중심적으로 여기[유가족 재판]에 했던 거 끝난 거 가지고 오셔서 저

소희 아빠 박윤수

희 거 지금 하고 있는 거예요.

면담자   혹시 생존자 학부모 측에서도 개인적으로 내신 분들
도 있어요?

소희 아빠   아니요. 없어요.

면담자   그건 없어요?

소희 아빠   그거는 저희가 자료실에[서] 일단 애진이 아버님이
정리를 해가지고 오시면 하고, "이런 건 다 들어가 있습니다"라니
까 배제한 거고, 그렇게 된 거죠.

면담자   2016년 3월 11일부터 세월호 특별법 일부 개정 법률
안과 특별검사임용 국회통과를 요구하는 삭발 단식 농성에 돌입을
했어요. 이때 혹시 농성을 결정하게 된 배경이나 과정 같은 거에
대해서 기억나세요?

소희 아빠   그때 광화문 광장에 있었잖아요, 세월호 광장에요.
(면담자 : 네, 80시간 동안) 그때 다들 올라와서 하는데 이건 너무 계
속 질질 가다 보니까 "결정을 내려야 될 것 같다" 그래서 제가 알기
로는 엄마들이 단식하기, 삭발하겠다고 그랬던 것 같아요. "아빠들
은 해봐야 그냥 저거[효과가 미미] 하니까 차라리 엄마들이 하겠다"
그래서 그거 하면서 광화문에서 1차적으로 했고요. 그다음에 2차
로 당시에 분향소 있잖아요. 분향소에서 2차로 했었고 그랬던 거
같아요. (면담자 : 그때 같이 계셨어요?) 네, 쭉 있었죠.

면담자   여러 지역을 계속 왔다 갔다 하셨던 거네요? (웃음)

소희 아빠   네. 무지 바빴죠. 제 별명이 홍길동이에요. 동에 번쩍 서에 번쩍 한다고. 어저께는 분명히 페북을 보니까 동거차도에 있었는데 오늘 와보니까 서울에 와 있고 전주에 가 있고(웃음), 광주에 내려가 있고 막. 하루에 세 군데, 네 군데씩 뛰면서 다닌 적도 있어요. 그러면 제가 페북에 올리면[올린 걸] 보면 경기도 안산, 광주 이렇게 찍어요. 사람들 다 의아해해. 마지막에는 팽목에 가 있는 거. 그러면 "이 사람 도대체 뭐 하는 사람이야" 이러면서.

면담자   그 바쁜 와중에 아이들은 알아서 학교 다니고 그랬던 거예요?

소희 아빠   아니요, 집에[도 들리지요]…. 그렇다고 계속 내려가 있는 건 아니고요. 중간중간 왔다 갔다 계속 그렇게 했죠, 애들 챙기고. 워낙 또 소희가 잘하니까 "걱정하지 말라"고 [하면]. "믿고 내려간다"고 그렇게 했었죠.

면담자   이때에는 소희가 졸업을 했네요?

소희 아빠   네, 졸업했죠(한숨).

면담자   졸업식은 혹시 기억나세요?

소희 아빠   졸업식… 했을 때 물론 (면담자 : 1월에…) 아이들이 무대 만들고, 그… 한다 그래서 그런 거 합창하는… '인연' 노래 부를 때는 영상을 소희가 찍은 거예요.

〈비공개〉

| 면담자 | 졸업식 때는 가족협의회에서도 많이 오셨나요? |

소희 아빠   많이 오셨죠, 다들 많이 오셨고. 아이들 무대 올라갈 때 제가 뒤에서 좀 챙겨주고 그랬었는데. 가족협의회, 유가족분도 많이 오셨고 시민들도 많이 오셨고.

면담자   네. 79명 학생들.

소희 아빠   79명이 아니죠. 팔십몇 명인가, 팔십몇 명이죠. 탁구부까지 전부 다.

면담자   탁구부까지 하면은, 이 학생들이 다 모였던 거는 졸업식이 마지막이었네요?

소희 아빠   네, 마지막. 4층인가 5층 강당 있잖아요, 제일 큰 데 거기서 했는데 농구… 무슨 경기장이더라, 탁구부가 썼던 그 체육관 같은 게 있어요. 거기서 했죠. 졸업식 하고 나오는데 새 있잖아요, 그런 거. 새가 우르르 날아왔다가 끝나니까 싹 갔잖아요.

면담자   아… 얘기 들었어요. "그 새들이 혹시 친구들 아니었나"라는 이야기가….

소희 아빠   그렇죠. 안에서 사진도 찍고 뭐… 누가 왔었더라. 그때 아무튼 소희 아는 선후배들 해가지고 와가지고 축하해 주고, 아이들끼리 사진 많이 찍고 그러고 내려왔죠. 바깥에 기자 애들은 워낙 많아 가지고 인터뷰 좀 하자는데 그거 또 막느라고. 다 보내고 나중에 나왔죠, 소희는. 몇 명 없더라고요. 그리고 바로 집으로 갔죠.

면담자   네. 3월에 2차 청문회랑 3차 청문회가 진행이 됐었는데 청문회에 관해서 기억나시는 대로 얘기해 주시겠어요?

소희 아빠   청문회 방청을 했을 때는 제가 안 갔을 거예요.

면담자   2차 청문회는 서울시청 8층 다목적홀이고, 그때 아마 동거차도에 계셨을 것 같네요.

소희 아빠   청문회는 제가 안 갔어요. 그때 동거차도에 있었든지 지방에 있었든지….

면담자   2016년 5월, 기억교실의 이전 보존 및 복원에 대한 협약식, 동시에 학생들을 제적처리 해버린 게 드러났던 때인데요. 이때 재학생 학부모랑 충돌하기도 하고요. 기록 훼손이라든가 폭행 등 유가족이 폭행당하는 그런 일도 일어났는데 이때 혹시 계셨나요?

소희 아빠   그날 제가 어머니 두 분을 병원에 모셔다 드렸죠, 지금 심리생계분과장하고 순범이 엄마. 카메라 저거 하다가[막다가] 그… 그분 이름 뭐였더라? 그분은 그냥 아무 관련 없는 사람이에요. 생존자 학부모도 아니고 그냥 중재…라 그래야 하나, 약간 중간에서 [역할을] 하시는 분이었는데, 뭐 그런 거. 그때 카메라 때문에 어머님은 한 분 맞으신 걸로 알고 있고요. 카메라는 박살났고 그런 몸싸움하고 그랬었죠. 119 와가지고 그때 한도병원에 다 입원시켜 드렸고 뒷정리하고 그랬었죠.

면담자   8월에는 가족협의회가 무기한 단식을 선언을 하는
데요.

소희 아빠   단식이요, 저는 단식 안 해요.

면담자   단식을 안 하신 이유가?

소희 아빠   그때 올라갔을 때 단식하셨던 분들이 몇 분 계셨는
데 진상분과장 있고, 그런데 저는 그때 밑에 있었을 거예요. (면담
자 : 동거차도에?) 네. 왔다 갔다 했을 거예요.

면담자   더불어민주당 당사를 점거해서 농성을 진행하기도
했는데요?

소희 아빠   그 시점에서는 제가 아마 이쪽에 없었을 거예요. 단
식하시는 거 계속 연락하고 받았는데, 제가 거기 [단식하는 데] 올라
와서 그… [단식]할 그게 [상황이] 아니었던 거….

면담자   아버님은 단식 안 하시는 이유가 있나요?

소희 아빠   배고파요, 난 배고픈 거 싫어(웃음). 진상분과장은 거
꾸로 얘기해요. "난 단식은 하는데 도보는 안 하겠다". 저는 단식은
안 해도 도보는 합니다. (면담자 : 역할 분담이 확실하시군요) 진상분
과장하고 몇 분이 지금 무릎 수술하셨잖아요, 도보를 너무 심하게
해가지고 그런지…. 원래 진상분과장은 지금 양쪽 다 무릎 [수술]을
다 해야 되는데 한쪽만 했어요. 작은 건우 아빠도 어깨도 수술하시

고. 다들 지금 몸이 말이 아니에요. 그 여파가, 단식하고 도보 이런 여파가…. 저도 약간 왼쪽 무릎이 아프거든요. 도보하고 나서 굉장히 안 좋아지더라고요, 무릎이. 많이 걷다 보니까.

9
교실 이전 당시의 상황

면담자　　2016년 8월에 또 일이 많았네요. 이삿짐센터 차량을 활용해 가지고. 교실을 이전하잖아요?

소희 아빠　　지키고 있는데 무슨 차가 휙 들어오더라고요. "뭐야" 그래서 봤더니 이삿짐센터 차가 들어온 거예요. (면담자 : 그때 학교에 계셨군요) 네. 전화해 가지고 [오라고] 했더니 가족들이 우르르 또 왔죠. 그거 때문에 싹 또 뺐죠. 이 아이들 물품을, 유가족 물품을 갖다가, 아이들 건데 일반 바구니 같은 걸 갖고 와가지고 그…런 생각 자체가 너무 화났죠. 그걸 지키고 있었어요, 저희 생존자 애들이. 생존자 가족들이 거기서 지키고 있었죠.

면담자　　생존자 가족들이요?

소희 아빠　　네, 저희가.

면담자　　그날이 생존자 가족들이 지키는 날이었던 거예요?

소희 아빠　　원래 저희가 학교에 들어갔을 때 교실 청소를 저희

소희 아빠 박윤수

가 다 했어요, 매일같이 부모님들이 청소를 다 해드렸고. 그 이삿짐센터 차가 왔다 갔다 하는 것도 보고 그러니까, 앞에 있다 보니까 계속 보이잖아요. 그래서 차를 뒤에다 숨겨놓았더라고요, 학교 뒤에다가. 그래서 뭐냐고 그랬더니만 이삿짐센터라고 얘기하는데, 들어내려고 했던 거 같아요, 그냥 강제로.

면담자   아까 교실 청소 같은 거를 생존자 부모님들이 많이 하셨다고 하는데….

소희 아빠   네. 학교에 있을… [생존자 가족 사무실이] 학교 [안에] 거기 있고, 이쪽에 앞에[학교 앞 건물에] 나와 있을 때도 매일같이 저희[가] 하루[에] 한 번씩 저희 생존자 [가족들이] 해가지고, 짜가지고 (면담자 : 조를 짜서?) 네, 청소 다 했죠. 책상도 닦고 바닥도 쓸고 청소를 다 해드렸죠.

면담자   그거는 유가족분들과는 별도로 하신 거예요?

소희 아빠   저희가 일단 학교에 있으니까 "유가족이 왔다 갔다 하는 것보다는 차라리 저희가 책상을 정리해 드리겠다" 그렇게 되어서, 화분 같은 거 갖다 놓으시면 일단 물도 주고 해야 되잖아요. 그런 것도 하고… 청소는 계속해야 되니까. 그래서 돌아가면서, 저희도 1반부터 10반까지 있으니까 그렇게 해가지고 묶어가지고, 두 반씩 묶어가지고 매일같이 돌아가면서 하고 그랬었어요.

면담자   학교에 계셨던 건 2014년에 몇 달 계셨던 거잖아요.

그 이후에도 계속 계셨던 거예요?

소희 아빠   그 후에 [학교] 앞으로 나왔잖아요. 그때도 어차피 학교는 가까웠으니까 계속 청소는 그때까지도 했고요. 합쳐지면서, 가족협의회가 생기고 합쳐지면서 유가족이 직접, 저희도 갈 수가 없으니까 그렇게 해서 부모님들이 직접 하시게 된 거고요.

면담자   그때부터는 각 반별로 조를 짜서. (소희 아빠 : 그렇죠) 조 짜는 거는 유가족이랑 생존자 부모님들이 같이 하신 건가요?

소희 아빠   아니, 그거는 저희가 했는데 '당연히 그건 우리가 해야 된다'고 생각해 가지고 그냥 그렇게 결정을 내렸어요, 저희가 청소를 매일같이 하는 거로. 그리고 저희가 하니까 부모님들은 그냥 왔다 가시고 그 정도만 하셨죠.

면담자   학교 앞에 사무실 이전한 다음에도?

소희 아빠   이전하고 나서 [가족협의회] 안으로 들어가서는 희생자 부모님들이. (면담자 : 같이 하는 걸로?) 네, 직접 오셔서.

면담자   교실 존치랑 이전 [문제로 싸움]할 때 생존 학생 부모님들의 마음은 어떠셨을지 좀 궁금합니다.

소희 아빠   그러니까 그게 합의를 하신 분과 안 하신 분의 차이인데, 소송을 간 사람들은 "보존해야 된다" 똑같이 느꼈던 거고. 합의를 하시고[생존 학생 형제자매] 아이들이 1학년에 들어가는 부모들 있잖아요. 그분들은 "다시 아이들한테 줘야 된다, 교실을. 그래서 빼야 된다" 이렇게 좀 갈렸죠, 많이.

면담자   아버님 같은 경우에는 동생이 1학년에 들어갔지만 존치를 해야 한다는.

소희 아빠   저는 워낙 이쪽 가족들하고 같이 있다 보니까 "존치를 해야 된다, 그게 맞다". 그리고 이게 다른 데 나가서… 그러니까 방향은 여러 가지가 있었는데, 교장이 다 틀어가지고[존치교실이 단원고] 바깥으로 나가게 된 거죠. 원래는 도면까지 다 나왔어요. 학교 밑에를 좀 [변경]해가지고 그쪽에다가 하는 걸로 그렇게도 했었고, 2층 올리는 것까지 여러 가지가[제안이] 나왔었는데 탁 틀어버리더라고요.

면담자   이삿짐센터 차량 들어올 때에는 생존자 부모님들이 마침 학교에 계셨다고 하셨는데 무슨 일로 계셨던 거예요?

소희 아빠   애진이 아빠하고 저 같은 경우는 계속 왔다 갔다 했어요, 그래도. (면담자 : 일정이 없더라도 일단 가고) 네. 학교 한 번씩 돌아보고 '어떻게 됐나' 이렇게 저거[확인] 하고 그랬었는데 그때 딱 들어온 거죠, 그 차가.

면담자   애진이 아버님이랑 두 분이 계셨었어요?

소희 아빠   그때 아마 그랬을 거예요. 그리고 총회 같은 거 했을 때에는 학교에서 했어요. 공간이 너무 작으니까 학교 강당을 계속 이용했었죠. 과학실인가 그랬을 거예요, 아마. 거기서 생존자는[생존자 가족의] 계속, 예를 들어서 일주일에 한 번이었든 보름[에 한 번]이었든 회의를 하잖아요, 전체. 그럼 학교에서 그렇게 했던 거죠.

면담자   재학생 부모들도 만나실 텐데 재학생 부모들 생각은 어땠나요?

소희 아빠   그때 1학년, 2학년 그 부모들은 거의 뭐… 회의할 때 [회의에] 들어갔을 때는 거의 다 "빼라" 이런 식이었죠. "이제는 좀 빼야 된다" 그런 상황이었고.

면담자   당시에 어떤 감정을 가지셨는지?

소희 아빠   음… 일단 화도 났고요, 창피하기도 했고. 그 생존한 [아이] 아빠가 그렇게 앞에 단상에 나와서 "그걸 빼야 된다"고 설명을 하는데 너무 기도 안 찼던 거죠.

10
2016년 11월 시국선언과 탄핵 정국

면담자   네. 이제 11월 1일에 4·16가족협의회와 4·16연대가 "최순실 게이트와 관련해서 세월호 참사 헌정 파탄 규탄한다"라고 시국선언을 하셨는데, 그 준비 과정이 기억나시나요?

소희 아빠   그건 모르겠는데요. 제가 한… 8개월인가 7개월인가를 쉬었어요. 제가 동거차도 끝나고 나와서 [2017년] 6월 달까지만

하고 그다음에 지금 3월 달 되었잖아요. 올해 18년 3월 달 다시 대표가 됐잖아요. 그때 다시 나오게… 2월 달쯤에 다시 나오게 된 거죠. 중간에 좀 쉬었[어요].

면담자   2016년 겨울 촛불집회는 계속 나가셨어요? (소희 아빠 : 네) 매번 가셨나요?

소희 아빠   매번 나갔죠. 일단은 행사는 한 몇 개월… 잠깐 8개월 쉰 거 외에는 다 참석했었고요.

면담자   탄핵 정국 당시에 혹시 기억나는 일들 있으신지요?

소희 아빠   박근혜 탄핵 그거 하고 나서 동거차도에서 나왔잖아요, 제가. 나오면서….

면담자   그 전에요, 2016년에. (소희 아빠 : 2016년에요?) 아직 탄핵이 될지 안 될지 모르는 상황에서.

소희 아빠   아, 그때 한참 저거 했을 때요? 그때 자료실이나 사무실에 있었던 거 같고요. 계속 뉴스나 이런 거 보고 부모님들하고 얘기하고 그랬었죠. '탄핵이 쉽지 않을 것이다'라고만 생각했거든요, 저희 가족들은. (면담자 : 아, 당시에요?) 얘기했을 때 전명선 위원장이나 집행위원장은 그걸 '쉽지 않을 것 같다'고 생각했는데 탄핵이 딱 되니까 그게 동거차도[에서] 나왔을 때 5월 6일인가[3월], 그렇죠. 그거 보고 엄청나게 울면서 나왔죠.

면담자   마무리 질문을 하려고 하는데요. 탄핵이 쉽지 않을 거라고 생각하셨는데 당시 가족협의회 활동의 주요 초점과 방향은 어떤 거였어요?

소희 아빠   그때는 광화문 가서 촛불집회 한창 했었잖아요. 엄청난 인원들이 몰려나왔었잖아요. 정말 사람 많더라고요. 그때 뭐 방송차 앞에서 깃발 들고 다녔었고요, 똑같이. 그리고 앞에 길, 매번 [청와대 쪽으로] 올라갈 때마다 길 대비하고 있었고 뭐 그런 거 했었던 거 같아요, 저는.

면담자   동거차도는 계속 다니실 때였죠?

소희 아빠   동거차도는… 그렇죠. 그리고 제가 동거차도 정리하고 나와서 배가 신항으로 왔잖아요. 신항으로 온 게 4월 달인가요?

면담자   네, 맞아요. 2017년 4월 11일에 육상 거치가 완료됐어요.

소희 아빠   그때 마지막으로 한 달 넘게, 마지막으로 동거차도 그 잔해 때문에 있었는데 그거 정리하고 나와서 동거차도 감시반 방이[메신저 채팅방이] 있어요, 저희. 거기다가 "모든 부모님 고생하셨다"고 마지막으로 올리고 전 나왔죠. 그리고 나와가지고 신항에 잠깐 들렀다가 올라와서 [2017년] 6월 달까지만 좀 하다가 좀 쉬었죠. 개인적으로 좀 안 좋은 게 있어 가지고 쉬었다가 [2018년] 2월 달인가 되어가지고 다시 신항을 내려가게 됐어요, 그냥 개인적으로. 그때 인양분과장 혼자서 고생을 너무 많이 하고 있더라고요.

'이건 좀 아닌 것 같다' 그래 가지고 그때부터 다시 그냥 복귀를 했죠. 신항에 대협분과장하고 인양분과장이 너무 많이 고생을 해가지고 몸이 되게 안 좋아 보이더라고요. 그래서 "너무 오래 있다 보니까 그렇다"고 얘기해서 "그럼 내가 내려올 테니까 가서 좀 쉬시라"고 신항을 제가 내려갔죠.

면담자   그 이야기는 3차 구술에서 이어서 해주시는 걸로 하고 오늘은 일단 마무리 할까요. 감사합니다.

3회차

2018년 10월 31일

1
시작 인사말

면담자　본 구술증언은 4·16 사건에 대한 참여자들의 경험과 기억을 기록으로 남김으로써 이후 진상 규명 및 역사 기술에 기여하고자 합니다. 지금부터 박윤수 씨의 증언을 시작하겠습니다. 오늘은 2018년 10월 31일이며, 장소는 안산시 단원구 4·16기억저장소 사무실입니다. 면담자는 장원아이며, 촬영자는 장원아입니다.

2
생존자 가족의 피해보상 소송

면담자　지난번 구술 면담하고 나서 2주 정도 시간이 지났는데 어떻게 지내셨어요?

소희 아빠　재판… 관련해서는 없고요. 11월 달에 잡혀 있고요. 크게 다른 건 없었고 재단… 정도, 회의… (면담자 : 4·16재단이요?) 네. 가족협의회 이런 거 참석했죠, 워크숍.

면담자　워크숍은 어디로 갔다 오셨어요?

소희 아빠　대부도.

면담자　가족협의회 분들 전부 다 같이요?

소희 아빠   전체가 안 되고요. 가족으로는 그렇게 많이 참석 못 하셨고, 참석 인원은 그렇게 많지는 않았어요.

면담자   혹시 몇 분 정도?

소희 아빠   한 60분 정도.

면담자   가족분들 말고 다른 분들이 많이 오셨나요?

소희 아빠   가족으로 치면 한 서른 가정밖에 안 되는 거고요. 전체로 치니까 그렇게 된 거….

면담자   4·16재단이랑 같이 간 건 아니고요?

소희 아빠   원래 재단이 지원을 해주신 거고 그다음에 가족협의회에서. 워크숍 목적은 그거였죠, 가족단합 해가지고 그런 건데, 대충 안건은…. 저는 참석 못 했습니다(웃음).

면담자   이번에는 참석해서 뭔가 얘기할 거라고 하셨던 것 같은데요.

소희 아빠   네. 참석을 못 했어요.

면담자   별일 있으셨던 건 아니고요?

소희 아빠   아, 집 저기… 수리 좀 하느라고(웃음).

면담자   네, 알겠습니다. 재판 관련해서 2주 동안은 없었다고 하셨는데 11월에 진행되는 거잖아요. 혹시 어떤 재판인지 어떻게 진행되고 있는지 간략하게 얘기해 주시겠어요?

소희 아빠   그 전에 이 재판을 한 이유가 목적이, 희생자가 저희 가족협의회 자체에서 같이 가야 한다고 해서 간 거잖아요. [생존 학생 부모인] 저희들도. 많지는 않지만 열여섯 가정이 갔는데, 지금은 재판이 유가족 같은 경우는 끝이 난 상태고 저희는 좀 더 가야 되는 상태인데 아마 올해도 지나지 않을까…. 이게 그렇게 되다 보니까 의미가 없어졌더라고요. 그렇게 되어버렸어요, 지금. (면담자 : 왜요?) 말 그대로 이 재판은, 재판을 해서 "아이들을 평생 동안 치료를 해줘라" 아니면 "5년간 해줘라" 이런 재판이 아닌, 말 그대로 민사[재판]이기 때문에… 말 그대로 그냥 아이들의 정신적인 피해보상을 요구하는 거잖아요. 돈으로 간주가 되어버렸죠, 이제.

면담자   유가족은 별도로 하고 생존자 가족분들만 따로 진행되고 있나요?

소희 아빠   원래 같이했는데 저희 것이 너무 유가족 것과 맞지가 않다 보니까 좀 더… 원해서 "좀 더 길게 가야 되겠다"고 그래서 약간 수정을 몇 개 한 게 있어요. 그거 때문에 길게 되었죠, 길어지게 된 거죠. 그러다 보니까 그게 의미가 없어져 버렸죠(웃음).

면담자   의미라면 어떤 게 있을까요?

소희 아빠   그냥 말 그대로 재판, 거기 지금 현재 재판. 거기서는 그냥 생존자들은 처음에는 목적은 똑같았잖아요. 진상 규명서부터 해가지고 이거였는데, 가다 보니까, [외부의 시선은] 저희만 따로 하다 보니까 소송은 그대로 돈으로만 보는 거예요. "좀 더 많은 요구를 하기 위해서 소송을 했다" 이렇게 가고 있죠. 그래서 저희가 원하고 선을 그어버렸어요, 최하 3000에서 5000으로. 더 이상 안 받기로… 다 동일하게.

면담자　　그러면 생존자 가족분들은 같은 변호사를 선임해서 얘기하고 있는 건가요?

소희 아빠　　그렇죠. 일단 애진이 아빠가 총 그 저거[소송 대표]로 되어 있고요, 그 외에 76명으로 되어 있어요, 소송이….

면담자　　지금 1심인가요?

소희 아빠　　그렇죠, 1심이죠. 너무… 길어지고 있죠(웃음).

면담자　　1심 과정만 몇 달이 걸린 거예요?

소희 아빠　　거의 재판이 한 달에 한 번씩 정도 열렸고요. 지금 한 1년이 넘었잖아요. 그런데 그… 유가족 것이 먼저 끝나, 1심이 끝나길 기다리고 있었던 이유는 같이 합쳐지는 게 많기 때문에… 같은 내용이 많기 때문에 기다렸던 건데… 유가족 게 끝나고 나니까 저희 거하고 좀 매치가, 안 맞는 거예요. 그니까 저희가 원하는 거하고… 저희가 피력한 이유, 사유가 맞지 않아가지고 그게 저희한테 대면[적용하면] 되게 불리하게 되어버리더라고요. 희생자, 생존자 하다 보니까….

면담자　　희생자를 기준으로 하다 보니까요.

소희 아빠　　네. 하다 보니까 생존자는 이게 맞지가 않는 거죠.

소희 아빠 박윤수

그래서 좀 더 길게 간 이유가 그거고요.

면담자   그럼 법원에서 분리하자고 한 거예요?

소희 아빠   분리가 된 게 아니라요, 똑같이 가고 있는데 저희 것
만 좀 더 길어지는 거죠.

면담자   그렇군요. 1심 결과가 11월에 나오는 거예요?

소희 아빠   아니죠, 아직도 진행 중인 거죠.

면담자   언제 나오나요?

소희 아빠   그건 모르죠, 저도. 제일 걱정은 뭐냐 하면 2월 달 되
면 안산 법정[의 판사들]이 전부 다 바뀌신대요. 그럼 이제는 더 길
어져 버리는 거죠. 다시 해야 되니까, 처음부터.

면담자   그걸 다시 처음부터 하게 돼요?

소희 아빠   네, 법정이란 게 그렇더라고요.

면담자   지금 피고는 국가인가요?

소희 아빠   그렇죠, 청해진하고.

면담자   청해진해운이요? 청해진해운 대상의 민사소송인 거
군요.

소희 아빠   국가하고 청해진하고 같은 [피고인] 거죠, 뭐. 유가족…
소송은 똑같아요, 유가족하고 전부 다 같이… 그렇게 똑같이 가는….

3

김관홍 잠수사 타계, 인양분과 활동

면담자   네, 알겠습니다. 지난번에 인양분과팀장으로서 2015
년부터 동거차도에서 활동하신 얘기와 가족분들의 투쟁 경험을 들
었습니다. 2017년 초에 3월에 인양이 시작되는데요. 혹시 인양 시
작 전 상황이 기억나시나요?

소희 아빠   인양… 기억이 안 나죠. 뭐라고 되어 있는지 모르겠
네(웃음).

면담자   제가 하나하나 여쭤볼게요. 일단 2016년 6월에 세월
호 뱃머리 들기를 했어요. 그런데 하루 만에 중단을 했거든요.

소희 아빠   그때 실패를 했죠, 상하이샐비지에서. 바로 연락이
와서 중단되었다고 보고를 받았어요. 그때도 동거차도에 있었거든
요, 인양분과장하고 저하고. 그때 당일 있었죠.

면담자   그때 상황을 기억나는 대로 설명해 주시겠어요?

소희 아빠   뱃머리 든단… 일단 [동거차도 산] 위에 올라가서 계
속 보고 있었고요. 어차피 거기[인양 작업 현장]도 참관이 안 됐으니
까. 그래 가지고 일단 물속에 있으니까 어떤 상황인지 보이지가 않
잖아요. 그러다 보니까 뭐라 그래야 돼, 답답했죠. 인양분과장은
계속 해수부하고 통화를 하고 있었고, 그런데 실패를 했다는 소리
를 듣고 아마 그때 다시 철수를 했을 거예요, 저희가. (면담자 : 동거

차도에서요?) 네. "실패해 가지고 약간 보류가 됐다" 그래 가지고, 제 기억으로는 그런 걸로 알고 있어요.

면담자   그리고 나서 6월 17일에 잠수사 김관홍 씨가 타계하는데요.

소희 아빠   관홍이… 그니까, 인양분과장하고 유경근 집행위원장님하고 지금 피케팅을 했잖아요, 국회 앞에서. 삭발시위도 했고요. 마지막 날 제가 올라갔는데 관홍이가 왔었어요. 관홍이가 와가지고 저랑 같이, 아마 사진도 어디 보면 있을 거예요.

〈비공개〉

면담자   원래 김관홍 잠수사와는 친분이 있으셨어요? 언제부터 만나셨나요?

소희 아빠   자료실에서, 그 전서부터 좀 봤고요. 잠수부들이 한참 저거 했을 때 장비도 다른 데 갖다 놓고 그랬잖아요, 거기서. 좀 많이… 이렇게, 광화문 하고[광화문에서] 좀 많이 만났죠, 따로. 왜냐하면 저희들이 잠수부들이 뭐 했는지 모르니까 진상분과장하고 자료실에서 만나서 얘기도 하고 그랬었는데 나중에는 좀 많이 친했죠. 따로 해가지고 저녁식사도 같이하고 잠수부들 오시라 그래가지고…. 그러다 보니까 친해졌고 동거차도도 몇 번 같이 들어갔고. 영상도 많이 남아 있지만 거기에 제가 바로 옆에 섰는데, 저는 안 나왔지만, 한참 울면서 얘기한 것들, 뭐 이런 것들…. 그랬죠 뭐

(한숨).

면담자   충격을 많이 받으셨겠어요?

소희 아빠   그날 집[밖]을 안 들어갔죠[나갔죠], 제가. 많이 좀 울었죠(한숨).

면담자   서울에 계실 때 소식을 들은 거예요?

소희 아빠   안산에 있었을 때고요, 집에 있었을 때인데…. 그 소리 듣고는 며칠 동안 집을 안 나갔어요, 속상해 가지고…. 그냥 "형, 형" 그러면서 잘 따랐어요. 〈비공개〉 저는 관홍이 그때도 안 갔어요, 정식 장례…. 그냥 집에서 아무 데도 안 나가고. (면담자 : 너무 마음이 아프셔서?) 네. 며칠간 계속 울었던 거 같아요, 그냥. 나중에 1주기, 2주기 때는 올라갔고요. 그…제수씨라 그래야 되나? 봤을 때는… 아이들하고 봤을 때는, 그때도 막 울었고.

면담자   유족분을 만나셨군요?

소희 아빠   네, 올라가서 만났죠. 워낙 또 그때 당시에 지금, 박주민 최고위원이 아이들을 챙기고 있었으니까. 그리고 저기… 벽제[추모공원]… 거기 갔다 왔는데, 작년이었죠. 올해였나? 올해 갔다 왔는데 잘 있더라고요.

면담자   동거차도에서 김관홍 잠수사랑은 같이 많이 지내셨어요?

소희 아빠   관홍이가 들어갔을 때 정확하게는 모르겠는데, 몇

번 들어갔는지는 모르겠는데 아무튼 제가 한 세네 번 같이 들어갔
던 것 같아요. 새해맞이도 같이했었고… (면담자 : 새해맞이요?) 네.
1월 1일 날 있잖아요. 가가지고 같이… (면담자 : 어떤 거 하셨어요?)
연등도 띄우고 같이 소리도 지르고 애들 이름도 불러주고 그랬죠.

면담자 　　　동거차도에 꽤 많이 계셨잖아요. 거기 계시면서 기
억에 남는 에피소드도 굉장히 많으실 것 같은데요.

소희 아빠 　　　에피소드요, 글쎄요.

면담자 　　　마음 아픈 이야기이지만 가장 많이 계셨으니까….

소희 아빠 　　　이상하게 다들 유가족 부모님이나 일반인도 계셨는
데 다들 무섭다 그러더라고요, 비가 오거나 번개가 치거나 이러면.
그런데 저는 그런 게 없어서… (면담자 : 천막에 계실 때요?) 그냥 편
했어요, 되게.

면담자 　　　춥고 바람 많이 불고 그렇잖아요?

소희 아빠 　　　그랬죠. 추우면 "춥다" 더우면 "덥다" 그게 끝이었죠,
뭐. 그렇게 에피소드 뭐… 적응을 잘 해서 그런가?(웃음)

면담자 　　　일반 분들도 많이 오셨어요, 어떤 분들이 오셨나요?

소희 아빠 　　　나중에는 뭐… 일반 분들도 많이. 정청래 의원인가
하고도 많이 올라오셨고 김영오 씨도 오셨고. 유가족 중에 김영오
씨 있잖아요, 시민들하고 같이 오신 적도 있고…. 철거했을 때도
마찬가지로 많이들 들어가셨고… 일반 시민분들….

면담자   아무래도 동거차도를 찾는 분들이 때에 따라서 줄어
들거나 늘어나거나 이런 것도 있었나요?

소희 아빠   동거차도를 개인적으로 오시는 분들은 없었어요. 왜
냐면 단체[가 주관]해 가지고 한번에 오셨다가 가시는 거지. 개인적
으로 오셔가지고 그런 경우는 없었던 것 같아요. 단체에서 오시는
건 같이 행동했으니까 같이 들어가는….

면담자   언론은 어떤가요?

소희 아빠   언론은… 많이 왔죠(웃음).

면담자   꾸준히요?

소희 아빠   꾸준히는 안 왔고요. 뭐라 그래, 주기만 되면 오는
거죠. 그리고 안 나갔죠, 방송에. 제가 웬만하면 인터뷰를 안 하는
데 MBC도 해줬는데 MBC에서도 안 나오데요.

면담자   MBC라면 목포MBC요?

소희 아빠   아니요, 서울MBC라던데.

면담자   서울MBC를 인터뷰해 주셨어요?

소희 아빠   네. 그게 인양분과장이… 원래 안 하려 그랬어요, 저
는. 아시잖아요. 왜 안 하려 그랬는지, 당시에. 배가 인양이 되어서
간 다음에 한 일주일 있다가 들어왔더라고요. 나중에는 "박근혜 대
통령이 탄핵된 그때 내보낼 것이다" 이러면서 "영상 좀 부탁한다"

그러고… 드론까지 띄우고 어쩌고 하더만 안 나오더라고요(웃음).

면담자　　아버님은 대부분의 인터뷰를 거절하셨잖아요?

소희 아빠　　그날 있었던 게 저밖에 없었고요. 어쩔 수가 없었어요.

면담자　　그런 상황에서는 어쩔 수 없이 하시게 되었군요. (소희 아빠 : 할 수밖에 없죠) 인양이 되기 전에 2016년에도 계속 계셨던 거잖아요, 그때에도 언론에서 많이 왔었나요?

소희 아빠　　초창기 때에는… 저희가 동거차도 들어갔을 때에는 말할 거 없고요. 1주기 때에도 말할 거 없었고, 2주기 때에는 말할 것 없었고…. 워낙 많은 언론들이 와가지고 통제가 안 되었으니까요. 그래 가지고 인양분과장님이 또 난리가 난 적이 있었고. (면담자 : 왜요?) 기자들이… 안 되는 거예요, 제지가. 저희 돔이 있으면, 나중에 며칠 있다가 철수를 했잖아요, 다. "배가 인양이 된다" 뭐 이런 거서부터 해가지고 그때는 더 난리가 아니었고요. 난장판을 쳐놓고 갔어요. 그거 청소하느라 죽는 줄 알았죠(웃음).

면담자　　난장판을 친다고 하면 돔 근처를요? (소희 아빠 : 네) 어떻게요?

소희 아빠　　갖고 온 것들 다 버리고 가고 뭐…. (면담자 : 거기 장소도 좁잖아요?) 그니까 각…, 워낙 방송사들이 많으니까 3사 방송사들 쫙에다가 무슨 뭐 연합[뉴스]에다가 거기서 와서 다들 살다시피 했으니까요, 꽤 길게. 그럼 어떻게 청소를 좀 해가지고 갔으면 좋은데 어질러놓고 철수하니까 그냥… 그냥 가는 거죠, 다 쓰레기…. 그거 다 해가지고 부모님들하고 지게로 다 날라가지고…. 거기 밑에 쓰레기통이 있거든요, 거기 갖다가 다 버리고. 참 나쁜 놈들이죠.

면담자   그러면 동거차도 주민들 측에서도 불만이 있지 않나요?

소희 아빠   주민들은 그렇게 반기지는 않았던 것 같아요. (면담자 : 기자들을요?) 네. 오면 인터뷰하자고 계속 졸라대니까. 이게 한 방송사가 와가지고 하면 되는데 너무 많은 방송사가 와가지고 귀찮게 구는 거죠, 다들 이제는. 그러다 보니까 나중에는 절레절레 안 한다고… 할머니들 막 도망가시고(웃음).

면담자   2016년 상황에서 해수부가 세월호 뱃머리 들기를 착수했다가 포기하는 것이 반복되고 여섯 번 연기 끝에 들었다라고 하는데요. 이것과 관련해서 기억나는 상황 있으세요?

소희 아빠   선수 들기 처음에, 첫 번째 했을 때에는 실패가… 실패를 했다고 연락받았고요. 조류라 그래야 되나, 그런 것 때문에 실패를 했다 그랬고. 두 번째는 들었죠. 들었긴 들었는데 파고들었죠, 그 와이어가. 지금 [배에] 보면 파고들은 자리 있잖아요. 그렇게 해서 다시 또 실패했다고 연락받았고. 그래서 나중에 택한 게, 저희 가족들이 원래 애초부터 그걸 원했던 게 바로 [리프팅]빔[을 이용

소희 아빠 박윤수

한 공법). 지금 신항에 와보니까 빔이 깨져 있었잖아요. 그게 그쪽에서 한 게 아니라 저희 가족들이 이렇게 좀 해달라고 했던 거래요, 그게 다…. 아무튼 나중에 그거로 하더라고요. 그걸 보고 참 어이가 없었죠.

그 공법은 그 사람들의 공법이 아닌 거예요. 그 사람들은 그냥 와이어로 해서, 상하이샐비지는 그렇게 인양을 하는 업체인 거예요, 그냥. 그런데 우리나라에 이게 워낙 세다 보니까, 물살이 세다 보니까 맞지가 않았던 거죠. 배에 막 파고들은 거죠. 그리고 와이어를 넣으려면 왔다 갔다 하면서 파야 되는 거예요. 그러다 보니까 배가 자꾸 파고들어 온 거고. 공법 자체가 맞지가 않았던 것 같아요. 제시를 갖다가 저희가 그렇게… 회의를 하고 해가지고 공법을 제시를 해줬는데. 나중에 결론은, 애초부터 그렇게 했으면 더 빨리 인양이 되었을 텐데(한숨). 이게 참 이해가 안 돼요.

면담자　　부모님들이 공법을 제시하신 것은 전문가 자문을 받으신 건가요, 연구하신 건가요?

소희 아빠　　자문도 좀 많이 받았었고요. 이런 것도 있고 아예 거기 박아서 사각으로 해서, 물살을 약하게 한 다음에 물을 퍼낸다. 뭐 별게 다, 이상한 게… 그런 게 들어왔었어요, 저희 가족협의회에… 자료실에 있을 때 요청이. "이런 공법 어떠냐, 저런 공법 어떠냐". 저희끼리도 회의를 하면서 비슷한 걸 많이 받았거든요. 다 배제하고 봤을 때 "이 공법이 제일 나은 것 같다" 그게 바로 빔 작업이었던 거죠. "빔을 밑에다 끼워서 올리는… 그게 최선인 것 같다. 그래야지 배에 손실이 많이 없어질 것 같다". 그리고 하나 더 원했던 게 뭐냐면 "바로 세워서 올려라". 그러니까 빔을 넣고 이전처럼 이렇게 배를 세워서 똑바로, 애초부터 물속에 있으면 부력이 워낙 작기[크기] 때문에 쉽지 않을까 해서 그 얘기도 했는데 세워서 안 올렸죠. "배가 더 파손이 된다" 뭐 어쩌고…. 마지막에 제가 봤을 때에는 '배를 세워서 올리는 게 맞지 않았을까, 물속에서…. 그러면 유실이 되는 게 덜하지 않았을까' 생각을….

면담자　　　회의는 인양분과의 회의인 거예요?

소희 아빠　　아니요, 자료실에는 인양분과랑 진상분과하고 다 같이 한 거죠. 그리고 전명선 위원장 기본…, 원래는 저희가 미술관에 사무실이 있었잖아요. 원래 거기 가서 회의를 하는데 바깥에 자료실이 따로 있었어요.

면담자　　　자료실은 바깥에 따로 있는 거예요? (소희 아빠 : 네) 그럼 자료실에는 뭐가 있어요?

소희 아빠　　말 그대로 2014년부터 부모님들 했던 거… 영상서부터 시작해 가지고 모든 자료가 다 있는 거죠. 특조위 자료에서부터 시작해 가지고 선조위, 그 외 국회에서 있었던 일들, 법원. 그다음에 304명 외 저희 75명 하나하나당 법원에서 자료제출 서류, 뭐 그런 것들이죠. 가족 전체 조사한 것들 이런 거….

면담자　　　아버님은 자료실에 무슨 직책이나 자리가 있었나요?

소희 아빠　　거기에 보면 [팻말에] 붙어 있던 게 그거예요, 말 그대로 '진상·인양 TF팀'이라고. 진상분과하고 인양분과하고 아예 팀을 만들어…, 왜냐하면 1기에서부터 특조위를 저거를 해야 했기 때문에 자료를 만들고 조사신청서를 넣어야 되고, 거기서 다 이루어진 거죠. 〈그날, 바다〉 보면 브이티에스 영상, 컴퓨터가 있으면 그것도 다. 그때 한 일주일 반을 갖다가 그 [김지영] 감독님하고 작가분이 오셔가지고 다 그걸 푼 거죠, "이건 조작되었다". 그게 거기서 나온 거예요, 전부 다.

면담자　　　원래 자료실이 가협 사무실에 있다가 옮긴 건가요?

소희 아빠　　옮겨간 게… 미술관이 워낙, 그때 당시에 도청이라고 그래야 되나. 뭐 아무튼 굉장히 바로바로 빨리빨리 빠지다 보니까 "이건 아닌 것 같다" 그래 가지고…, 아예 자료실만큼은 "진상하고 인양분과만큼은 따로 해야 된다". 지금도 따로 분리되어 있잖아요. 워낙 많은 자료들이, 대충 얘기로 듣기로는 독서실 세 개 물량의, 그런 정도의 물량이 있다고 그러니까, 자료가 있다고 얘기하는데….

면담자　　　진상, 인양관련 회의 등을 다 자료실에서 한 거군요?

소희 아빠　　네. 크게 좀 중요한 일 있으면 위원장님들을 직접 오시라고 해가지고 거기서 회의를 하고 그랬죠.

면담자   거기는 보안 유지가 되는 건가요?

소희 아빠   거기는 일일이 다 체크를 하고 들어가서야 되고요, 사인을 다 받아야 되고. 있는 자료 갖고 나가려면 다 허락을 받고 나가야 돼요.

면담자   운영도 쉽지 않았겠어요.

소희 아빠   운영이야 뭐 어차피 진상분과장, 인양분과장…. 그래서 저희들이 분과 중에 욕을 많이 먹는 게 인양분과, 진상분과예요. (면담자 : 왜요?) 따로 해가지고 사무실에 못 들어가니까, 거기를 계속 지켜야 되니까 거기서만 있었던 거죠.

면담자   따로 부모님들이 돌아가면서 지키셨어요, 아니면 직원을 따로 두고?

소희 아빠   "자료실만큼은, 진상, 인양에서만큼은 저기를 하자[직원을 두자]". 부모님이 바뀌고 이러면 안 될 것 같고 그래 가지고….

면담자   진상, 인양에는 몇 분이 계신 거예요?

소희 아빠   그때 당시에는 진상분과장 장훈, 인양분과장 동수 아빠, 저, 애진이 아빠, 그리고 큰 건우 아빠, 그다음에 사무처 그때 당시에 사무처 팀장이었던 작은 건우 아빠, 사무처장님하고…. 그 정도에서 왔다 갔다 하셨죠. 그리고 위원장님들 한번… 회의 있을 때만 해가지고 오시고 드문드문 들르셨고요. 딱 여길 지켜야 된다는 그런 거는 진상, 인양이 전담으로 맡게 된 거였죠.

면담자   자료실은 언제부터 언제까지 운영이 되었나요?

소희 아빠   지금도 있고요. 그게… 한참 막 도청해 가지고 우리 저거 막 했을 때고, 인양하고 진상만큼은 따로 나가서 자료를 막 모을 때 시켰으니까[만들었으니까]. 정확한 날은… 원래는, 자료는 원래 미술관 그쪽에 사무실에서 있었을 때 모았었는데 "그게 좀 아닌 것 같다" 그래 가지고 자료실을 아예 따로 만들어버린 거죠. 그래서 아예 진상·인양은 TF팀 해가지고 간판을 걸고 따로 나가버린 거죠.

면담자   여기가 아주 핵심적인 그런 곳이었네요?

소희 아빠   지금도 핵심적이죠(웃음).

면담자   동거차도도 진상·인양 분과에서 계속 가시면서 자료실도 지키셔야 했네요.

소희 아빠   제가 동거차도를 가든 팽목을 가든 그러면 나머지 부모님들이… (면담자 : 자료실에 계시고?) 기본 인양분과장님은 드문드문 들어오시니까 그때 당시에 잘 못 들어오셨고, 제가 주로 많이 갔던 이유가 그거고요. 자료실은 지켜야 될 거 아니에요?(웃음)

면담자   세월호 선수 들기 공법 연구와 관련되어서 여쭤보다가 여기까지 왔는데, 혹시 거기에 공법 관련해서 누구에게 자문을 구하셨나요?

소희 아빠   첫… 그때 당시에 자문을 저희가 요청했죠, 가족 여기에서. "이런 공법이 있다", "이런 공법이 있다" 교수님들서부터 다 만나가지고 했는데, 그게 저희가 생각하기에는 맞지가 않더라고요. 별 이상한 공법도 다 주셨는데. 도면까지 그려서 오신 분도 있었어요.

면담자   진상·인양위 분들은 원래 관련 공부를 하신 거예요?

소희 아빠   아니요. 그걸 하다 보니까 스펙[능력]이 되어버린 거죠, 그냥. 이걸 뭐 얘기를 해서가 아니라 이제는 자동으로 알게 되는 거죠. 그리고 뭘 찾아서 공부…, 이 인양하고 이거는 우리나라 보면 별로 없어요. 이게 찾아봐서 되는 것도 아니고 몸으로 부대끼니까 그게 그냥 스펙이 되어버린 거고, 무슨 자료고 뭐 이런 게 없더라고요. 업체가 없으니까, 인양하는 업체가 없어요, 대한민국에. 저도 의아한 게 뭐냐면 배를 잘 만들잖아요, 저희 나라[우리나라]에서 조선소 있고, 세계에서 그래도 알아주는… 알아줘요. 그런데 인양업체가 없다는 게 난 진짜 너무… 뭐라 그럴까, 이해가 좀 안 됐어요.

면담자   인양업체는 다 외국에 있는 거군요.

소희 아빠   그나마 지금 그때 인양했던 게 몇 톤이었죠? 골리앗[크레인] 그거. 만… 만몇 톤이었나? 아무튼… 다시 했을 때 그것도 현대상선에서 세월호 때문에 만든 거예요, 그거를…. 그것도 하나밖에 없는 거고요. 인양업체가 없다 보니까 그런 바지[선]… 그런 큰 것들이 없는데 현대에서, 이 얘기를 현대상선 소장님 계서요. 소장님이 말씀해 주시더라고요. "세월호 때문에 그 큰 걸 만들게 되었다".

면담자　　2016년 11월에는 정부가 "세월호 연내 인양은 포기이다"라고 선언을 하는데요. (소희 아빠 : 그랬나요, 왜 그랬지?) 2016년에 뱃머리는 들어놓은 상태에서 연내 인양은 또 중단이 되잖아요?

소희 아빠　　중단이… 저희는 중단이 안 되었어가지고(웃음). 저는 계속 있었을 거예요, 아마.

면담자　　이때 최순실 게이트가 터지면서 아마 연내 인양을 포기했던 것 같은데 당시 상황을 어떻게 보셨나요?

소희 아빠　　정확하게 저도 기억은 안 나는데, 만일 그게 최순실 그쪽하고 연관이 있었다면 그쪽으로 몰고 가려고 또 그랬던 거 아닐까….

면담자　　'세월호 7시간' 이런 게 계속 이야기되고 있는 상황이었죠.

소희 아빠　　'7시간'이 이유가 터진 게 뭐냐면, 박종대 씨인가. 누구 아빠지? 전 진상분과장이잖아요, 지금 장훈 되기 전에. 그분이 저희가 지금 자료실에서 말 그대로 자료를 만들어서 조사신청서를 만들어가지고 그럴 때인데…. 특조위에 이제 막 만들어서 "이런 거

조사해 달라"고 할 때인데, 밑에서부터[하급 기관부터] 해가지고 올라가려고 그랬더니 개인적으로 '박근혜 7시간'을 던져버리신 거예요. 그래 가지고 그게 터진 건데, 7시간 때문에 난리가 났잖아요. 그때 당시에 여당에서는… 그랬던 건데… 가족끼리 좀 말썽이 많았죠, 그거 때문에. 그 한 분 때문에… 천천히 밑에서부터 해가지고 올라갔어야 되는데. 그러다 보니까 1기 특조위에서도 많이 못 하셨던 것 같아요. 그런 거에 자꾸…, 가뜩이나 늦은 데다가 그게 터져버리니까 저쪽에서 '옳다구나' 해가지고 뭐… 그랬던 거죠.

면담자   TF가 있는 자료실에서는 1기 특조위에 자료를 제공하셨나요?

소희 아빠   1기 특조위에, 저번에 말씀드렸다시피 인양분과장이 포기를 했잖아요. 인양분과장님이 특조위에 올라가서 회의를 두 번인가 올라갔어요, 저하고. 회의를 하는데 그때 권영빈 위원장인가 그랬어요, 소부위원장인가 거기 들어가 있었거든요. 회의를 하는데 자료가 없다 이거예요, 자료가 없다. 저희는 그들이 원하는 자료는 어느 정도 있었거든요. 인양분과장님이 "왜 스스로 그 많은… 아무튼 뭔가를 갖고 있으면서 왜 하지를 않냐…" [하니까] "공문을 보내고 뭘 해도 해수부에서 듣지를 않는다, 주지를 않는다…", "국회가 됐든 어디가 됐든 그것도 가줄 수가 없다…" 그래서 자꾸 자료를, 저희 것을 어느 정도는 줬었죠, 계속 못 구한다니까…. 나중에는 폭발하는 거죠, 인양분과장이. "이건 아니다, 없애

소희 아빠 박윤수

라, 그냥. 나 그냥 특검에서만 하련다" 그래 가지고 특조위 1기 때에는 없었죠. 그래서 그냥 무산이 돼버리고 계속… 동거차도 내려가고 그러고 있었죠.

〈비공개〉

4
동거차도 감시 활동을 마무리하기까지

면담자　　탄핵 정국 때 "워낙 정신없이 돌아갔다"라고 이야기를 해주셨는데요. 2017년 되면서 세월호 참사 국민조사위원회가 발족이 됩니다. 이와 관련해 기억에 남는 게 있으세요? (소희 아빠 : 그게 언제예요?) 2017년 초입니다(웃음).

소희 아빠　　뭐 했는지 모르겠네.

면담자　　2017년 초에도 동거차도에 계셨어요? 새해맞이라든가 이런 거?

소희 아빠　　새해맞이는 거의 다 갔던 거 같고요. (면담자 : 늘 하셨어요?) '당연히 가야 된다'고 생각하고, 부모님들이 그 마을 주민들을 잘 모르시잖아요. 그런데 저는 너무… 다들 잘 알고 있으니까, 2구서부터 해가지고 다 알고 있으니까, 이장님서부터…. 그러다 보니까 일단 먼저 가서 인사드리고 "몇 명 들어갑니다"까지 전화드리고 문자드리고… 계속 통화를 하고 있었죠.

면담자　　2017년 2월 24일에 국회 농림축산식품해양수산위원회에서 여야협의로 통과되었던 선체조사위 설치법안에 대해서 부모님들이 문제점을 제기하셨어요. 그리고 선체 보존에 대한 계획 수립을 촉구를 하셨는데요. 이와 관련해서 사전 내부 논의라든가 4·16연대와의 협의에 대해서 말씀 부탁드립니다.

소희 아빠　　(한숨을 쉬며) 그거 잘 모르겠는데.

면담자　　TF에서 선체 보존 관련해서 사전에 내부 논의하신 거 아니에요?

소희 아빠　　선체 보존… 제가 어디 있었는지 모르겠는데, 아무튼 들어가지는 않았던 것 같은데 미리 회의는…. 인양분과장님이 아마 들어가셨던 거 같아요.

면담자　　선체 보존과 관련해서 자료실이나 TF에서는 입장이 명확하셨나요?

소희 아빠　　선체 보존… 지금 선체 보존 해가지고 준비하고 있잖아요. 지금 담당이… 제가 인양…, 마지막으로 신항에 있다 올라와서 그거를 가족협의회 사무처에서 정리를 했잖아요. 오늘이군요. 오늘 거기 아마 [목포 신항에 있던] 컨테이너부터 싹 정리가 들어갔을 거예요. 싹 정리가 끝났고, 가족들은 이제 손… 거기서 정리하는 걸로. 미수습자는 대변인하고 얘기를 해서 다 올라오셨고요.

10월⋯ 원래 30일, 말일 날 다 올려 보낸다 그랬었는데. 마지막 [혁규] 큰아버지가 8일인가, 9일까지 몸이 좀 안 좋으셔 가지고 치료받고 그러고 올라오신 거로 끝났고요. 그 주인가 다음 주인가에 장례를 다 치렀잖아요, 미수습자도⋯. 그래서 끝난 걸로 알고 있고. (면담자 : 2018년 현재 상황이요) 가족협의회 저번⋯ 확운위[확대운영위원회] 때 이야기가 나왔고요, 가족들은 정리하는 걸로. 그리고 [2기] 특조위에서만 보고를 받는 거로. 거기 특조위, 2년 동안 아직 더 있어야 되잖아요. 그렇다고 그냥 냅둘 수는 없고 보고만 받는 걸로 그렇게 해가지고 정리하기로 끝냈어요.

면담자　　인양을 시작하기 전에 "선체를 잘라야 한다"는 등의 이야기들이 있었잖아요, 이것과 관련해 어떻게 생각하셨나요?

소희 아빠　　선체⋯ 가족들은 명확한 게 딱 그거였어요. "손대지 마라. 절단은 절대 안 된다". 그런데 했잖아요, 부분절단. 그건 어쩔 수 없는 거였고요. 미수습자가 요구를 했는 건데, 저희가 그렇다고 그걸 계속 막을 수는 없는 거고. 손실이 65프로 밑으로 떨어지면 배 그⋯ 저게 안 된대요, 보존 자체가⋯. 그래서 저희가 못 자르게 한 이유가 그거였고요. 계속 막았죠, 저희가. 당시에 신항에서 회의를 아침마다 9시 반에 하면 좀 많이 싸웠어요, 제가 들어가서⋯.

면담자　　의견이 다양했어요?

소희 아빠　　의견이 다양한 게 아니라 해수부는 "원하시는 대로 하겠다" 그러고…. (면담자 : 2018년 현재 얘기죠?) 네. 그런 거였고, 미수습자는 무조건 "절단을 해야 된다". 왜냐하면 "조그만 것이라도 다 진흙을 [조사]해야지만 자기네는 마음이 풀릴 것 같다…".

면담자　　　미수습자 가족분들이 절단을 하자고 했나요?

소희 아빠　　결론은 그거였죠. 코샐[코리아샐비지]도 그렇고 해수부도 그렇고. 결론은… "알아서 해라" 이거였죠. "결정만 내라. 그럼 우리는 거기에 따르겠다". 그러다 보니까 이제 좀 약간 안 좋게 되었었죠, 미수습자하고 저희 가족협의회하고.

면담자　　　결국 합의가 된 건가요?

소희 아빠　　그거는, 이 정도까지는 당연히 해야 된다고 생각해서… 그 저걸 봤어요. 훼손이 어느 정도까지 내려갔는가…. 65프로인가 61프로인가까지 떨어지면 더 이상 보존가치가 없기 때문에 "그 밑으로만 안 떨어지면 된다" 그러고, 외판 같은 경우는 더 퍼센트가 높기 때문에 "안에 쪽은 상관이 없다" 그래 가지고 "안에 정도는 그냥 절단합시다" 그래 가지고 결정을 맺었죠, 사인해 줬고요.

면담자　　　목포 신항에 거치된 이후의 일들인 거죠. 2017년에 선체조사위 구성할 때에 희생자 가족대표 세 명이랑 국회 선출 다섯 명으로 선체조사위가 구성이 됐는데 (소희 아빠 : 그랬었나요?) 네. 그때 선정하는 과정 같은 거는….

소희 아빠　　모르겠어요.

소희 아빠 박윤수

면담자   알겠습니다.

소희 아빠   제가 뭘 했죠, 이때?

면담자   계속해서 동거차도 현지에 계시고 엄청 바쁘게 계셨던 거 같아요.

소희 아빠   내용이… 저는 모르겠어요. 왜 내용을 모르지?

면담자   가족협의회 확대운영회의에서의 의사결정과정을 여쭤보려고 하거든요.

소희 아빠   가족협의회… 일주일에 한 번씩 했었잖아요, 전에는. 그리고 바뀌었잖아요, 보름에 한 번씩으로 바뀌었는데. 그때는 가족협의회 참석을 안 하면은, 할 수가 없는 거죠. 매주 화요일 10시인데 내려가 있으면 못 올라오고 뭐.

면담자   동거차도에서 모니터링을 계속하신 거잖아요, 모니터링에서 제일 중요한 목표와 초점은 무엇이었어요?

소희 아빠   "무엇을 하냐. 도대체 얘네들이 뭘 하냐, 그리고 왜 [유가족들이 바지선에] 승선하지 못하게 하냐. 그리고 뭘 끄집어 낼 것이며, 뭘 갖다 집어넣을 것이며" 이런 거였죠. 매일같이 뭘 하는지를 체크를 하는 거였고. 인원이 몇 명이 일하고 있나. 그런데 말이 맞지가 않더라고요. 해수부 보고서와 저희 동거차도에서 감시 보고서하고는 좀 많이 안 맞더라고요. 그래도 뭐 끝까지 지켜본다고 했으니까 끝까지 지켜본 거죠.

면담자　동거차도에 계실 때 하루에 정해진 일과 같은 게 있었나요?

소희 아빠　정해진 건 없고요. 그냥 카메라는 항상 설치가 되어 있고 사진이 있고 녹화가 있잖아요, 카메라가. 들려요, 소리가. 일을 하면 다다다닥… 빔 넣는다는 소리가 나요. (면담자 : 그 초소에 앉아서도 다 들렸어요?) 그 소리가 들려요. 배가 인양되었을 때에도 저는 올라오는 소릴 들었는데, 새벽 3시 반인가 4시 반에 올라온 거로…. 그 레일을 당기는 소리가 거기까지 울리더라고요, 둥둥둥하는 소리가. 그래서 '아, 배 올라오는구나', 그때 알았죠.

　그리고 그들이 일을 할 때는, 예를 들어서 와이어를 갖다가 넣었다 뺐다 빔을 넣으려면 일단 길을 내야 하니까 밑에를. 그래 가지고 넣었다 뺐다 하는 소리가 드르륵드르륵 쇠 소리가 그 소리가 들려요, 그거까지…. 그러면 뭘 하나 영상을 당겨서 보고, 예를 들어 물건을 갖다가 집어넣는다 그러면 영상을 촬영을 하는 거고. 뭐가 갑자기 올라온다 그러면 또 영상을 촬영하는 거고. 일지를 써서 몇 시 몇 분에…, 정확히 뭐가 들어갔는지는 모르잖아요. "무슨 물체 같다"라고 일단 기록을 하면, 나중에 자료실 오면 그걸 파악을 하는 거죠, 계속.

　그리고 인양분과장님이 계속 해수부하고 통화를 했기 때문에, 뭔가 중요한 거 같다 싶으면 전화를 하는 거죠. "지금 몇 시 몇 분에 뭐가 들어갔는데 확인 좀 해달라" 그러면, 인양분과장이 해수부에 전화를 하죠. 그러면 해수부에서, "지금 들어간 게 뭐냐"고 그러면 "뭐다"라고 얘기를 해주는 거죠. 빔이면 빔이다 뭐…. 그렇게 계속해서 기록을, 작성을 남긴 거죠.

면담자　　해수부에 전화하는 담당관이 따로 있었어요?

소희 아빠　　해수부는 인양분과장님이 거의 다 하셨고요. (면담자 : 해수부에 전화 응대하시는 분이 따로 있고?) 현장에서는 저희가 누가 되었든 어떤 부모님이 되었든 계시면 "이런 게 좀 약간 이상하다" 이러면 바로 인양분과장님한테 전화하게끔 그렇게 되어 있었죠.

면담자　　배 타고 나가기도 하세요?

소희 아빠　　진실호 타고… 그렇게 급하면, 현장에서 저희가 급하면 진실호 띄워서 나가는 거죠.

면담자　　진실호 띄워서 자주 나가셨어요?

소희 아빠　　초창기 때에는 많이 나갔죠. 나중에는, 후에는 그렇게 의미가…, 가깝게 못 오게 하니까. 왜냐하면 잠수사가 들어가 있으면 그 주변을 갖다가 배가 돌아다니면 안 된대요. 왜냐하면 호스가 끊어지면 위험하다고. 그래서 저희도 약간… 그런데 거기서 웃긴 건 뭐냐 하면 저희가 진실호를 띄워서 가면 거기서도 촬영을 하고 있어요. 배에서도 촬영을 하고 있어요, 저희를. 너무 웃겼어요(웃음).

면담자　　진실호를 촬영한다는 거예요, 아니면 혹시 동거차도의 감시소를 촬영한다는 거예요?

소희 아빠   저희 배가 뜨잖아요. 카메라를 갖고 찍어요, 저희를. 그걸 뭐에다 쓰려는지 모르겠지만 아무튼…. (면담자 : 채증을 하는 거네요?) 그게 채증인지 어쩐지는 잘 모르겠는데, 그 용도일 수도 있겠죠. 왜냐하면 워낙 가까이 와가지고 사고 나면 책임 그런 걸 물을 수도 있고.

면담자   해수부에서 "세월호 3주기 전에 인양하도록 하겠다"라고 발표를 하고 2017년 3월 18일, 19일에 인양 시도를 했다가 3시간 만에 취소를 해요. 3월 22일에 시험인양이 착수를 하고. 제가 느끼기에는 해수부가 조금 급하게 진행을 하는 느낌이 있었는데요. 그때 어떤 이야기들이 오고 갔는지 기억나세요?

소희 아빠   그게… 뭔 얘길 했는데 기억이 잘 안 나는데… "왜 갑자기 이렇게 좀 빨라질까?" 속도 조절이…, 이런 거 있잖아요. 천천히 했다가 갑자기 되게 바쁜 거야, 막. 뭔가 지시를 받았든가… 뭐 있겠죠. "빨리 좀 해라" 뭐… 그래서 그러지 않았을까. 자체 논의는…, 거기에 대해서 논의는 없어요. "그래 빨리 하면, 최대한 빨리 하면 좋지"라고 가족들은…, 가족들은 명확한 건 뭐냐 하면 "최대한 빨리, 사고 없이 그냥 빨리 좀 올렸으면 좋겠다" 이게 명확했으니까. 한다는데 거기에 대해서 뭐… 하지 말라고 할 수 없잖아요, 저희가.

면담자   인양에 대해 가족 쪽이나 인양분과 쪽으로 먼저 연락이 오진 않았나요?

소희 아빠 　그니까 그게 인양분과장님이… 주 연락이, 담당이 있어요, 서로 하는 그런…. "지금 뭐 때문에 이렇게 해가지고 인양을 바로 또 시작합니다", 아니면 뭐… "이거 때문에, 뭐 때문에 중지가 됩니다"라고 계속 보고를 받죠, 저희는. 그래서 "아, 그렇구나". 그런데 거짓말한 것도 있어가지고…. (면담자 : 거짓말요?) [2016년 7월] 당시에 선수 [들기]… 처음에 하고 실패한 다음에, 나중에 저거 했을 때 [와이어가 선수에] 파고들었잖아요. 그때가 약간 한, 예를 들어서 [해수부는] "3센터[미터] 들었다" 그랬거든요. 그런데 기자가 와서 "7센터[미터] 들었다, 지금…", 그게 7센터[미터]를 들다 보니까 이렇게 판이 더 깊이, 한 절반 넘게 파고들어 갔어요.

　올라가서 확인을 해보니까 그래 가지고…. (면담자 : 줄여서 얘기했던 거네요?) "그거를 왜 우리가 굳이 보고를 해야 됩니까?"라고 해수부에서 얘기를 했죠. 너무 화가 났죠. 그거 녹음한 거 그대로 갖고 있어요. (면담자 : 그걸 왜 가족분들한테 보고해야 되냐고요?) 그거까지는… 그때가 새벽 한 3시인가 4시인가 그랬을 거예요, 아마. 정확한 시간은 모르겠는데 아무튼 새벽이었던 것으로 기억하고요. 처음에 한 3미터 정도 들었을 때에는 '아 그렇구나' 했더니만, 기자가 "지금 한 7까지 들었대요"라는 얘기를 듣고 화가 나서 전화를 했더니만 맞더라고요. "그런데 왜 보고를 안 합니까?" 하니까 그 소리를 하더라고요.

면담자 　그런데 왜 새벽에 해요?

소희 아빠   저희가 맨날 묻는 게 그거였잖아요, 동거차도에서. 왜 낮에는 일을 안 하고 밤에만 되면 왜 이렇게 난리냐고. 그래서 낮에는 저희는 잤어요. 밤에 소리 나면 무조건 영상 촬영 보고 있는 거고…. 카메라가 야간이다 보니까 잘 안 보여요. 그리고 뭐라 그럴까, 지금 생각하면 참 웃긴 거죠. 배를 갖다 뒤에 놓고 막고 카메라 안 보이게 뭔 작업은 해. 막 용접하는 소리까지 다 들려요, 그런데 뭘 하는지 모르는 거죠.

면담자   일부러 숨기려고 낮에 안 한 것도 있나요?

소희 아빠   그건 모르겠어요. 원래 물때가 하루에 네 번인가 된대요. 낮에도 두 번 있고 저녁에도 두 번 있거든요. 그런데 그게 말이 안 되는 게 낮에는 일을 안 한단 말이에요. 뭐 잠수부 들어가는…. 나중에 인양 거의 다 되었을 때 잠수부 들어가는 것까지 다 보고 그랬는데…, [카메라 줌을] 당기니까 보이더라고요.

그런데 그거를 배를 갖고 [시야를] 막아. 그럼 저희는 카메라 들고 반대편으로 뛰는 거죠. 원래 큰 돔 있으면, 큰 돔 옆에 산으로 넘어가면 이쪽으로 갈수록 더 가깝게 보여요, 우측으로 갔을 때. (면담자 : 우측에 있는 언덕이요?) 네. 그 한참 언덕 한…, 얼마나 되는 거예요? (면담자 : 좀 가파르던데…) 거길 뭐 날아가다시피 날아가요, 그냥.

카메라 대고 있으면 잠수부 들어가는 게…, 타고 들어가는 게 있거든요. 그게 움직이는 게 다 보여요. 그게 좀 이해가 안 됐어요.

소희 아빠 박윤수

그니까, 너울 때문에 그런 건지 어쨌는지 모르겠는데, 원래 너울이 심하면 일을 못 하거든요. 근데 너울 때문에 배 갖고 방향을 갖다가 정확히 카메라를 막는다는 건 좀 이해가 안 되더라고요.

면담자　　그걸 해수부에 질의를 한 적도 있으세요?

소희 아빠　　"왜 막냐, 그리고 왜 밤에만 일하냐?" 근데 낮에도 일한대요. 저희가 봤을 때에는 일하는 사람이 없거든요. 놀고 있었어요, 다. 나중에 MBC하고 거기서 21시간 영상을 받았잖아요? 놀고 있었어요, 그냥 애들 일 안 하고…. 그 7000점이 넘는 돼지뼈를 갖다가 생으로 [인양 작업 해역에] 던져가지고…. 7000점이 뭐예요, 더 되겠죠. 말도 안 되는 그런 거…, 참…(한숨).

면담자　　뭔가 속이는 구석이 있는 거네요?

소희 아빠　　먹고 놀고 던지고… 시인은 했는데, 자기네가 던졌다고 시인은 했는데 참 그게 뭐랄까… 인간 같지가 않다고 그럴까요? 그 많은… 나중에 배가 올라오면 다 그걸 해야 되는데 뻔히 알면서 거기다가 돼지 뼈, 양 뼈, 닭 뼈… 먹고 그냥 던졌다는 게 참 너무 웃겼어요, 아무튼.

면담자　　그러다가 박근혜 대통령이 탄핵된 후에 해수부에서 갑자기 진행을 한 거잖아요?

소희 아빠　　(혀를 차며) 탄핵되고 나서…. 저는 솔직히 얘기하면 그냥 워낙 숨길 게 많으니까, 해수부는. 그 당시에 누가 됐든 간에 분명히 처벌을 받을 사람이 지금 그 자리에 앉아 있고 더 위에 올라가 앉아 있고… 지금 그 사람들이 그 지시를 하고 앉았고… 그러면 그게 안 바뀐다고 생각해요, 저는. 그 사람들 다 처벌받아야 된다고 생각해요. 살려고 그러지 않았을까, 자기네들은. (면담자 : 해수부 책임자들이요?) 네. 다 포진해 있잖아요, 지금. 저는 그래서 진상 규명이 제대로 되어야 되고 그 사람들이 처벌을 받아야지만 그래야만 끝난다고 생각해요, 저는.

면담자   2017년 3월 25일에 인양 성공을 한 후에 목포로 갔잖아요, 그때 혹시 기억나는 대로 쭉 얘기해 주시겠어요?

소희 아빠   그날 한 새벽 정도 됐던 것 같고요. 올라오는 소리를, 제가 위에 안 있었고 그때 당시, 그때에도 기자 애들이 되게 많았거든요. 인양분과장이 위에 있었고 나보고 쉬라 그래서 밑에[옥영이형네 집에] 내려와 있었는데… 옥영이형 옆에 방에서 자고 있었는데. 새벽 3시인가 4시쯤인가 정확히 시간은 기억 못 하겠는데 한 3, 4시 정도 됐던 것 같아요. 그 쇠사슬 소리가 들렸어요. 그러니까 바닥이 울리는 소리가 들린 거예요, 거기까지. 둥둥둥 하면서 바닥이 지진 난 것처럼 요동이 쳤다 그래야 되나…. 그래 가지고 '아, 배가 올라온 것 같다' 했는데, 아침에 뉴스를 딱 보니까 배가 올라와 있더라고요. 그래서 '이제 됐구나'. 그랬더니만 한 달을 넘게 더 있었죠(웃음).

면담자   동거차도에요?

소희 아빠   배 보내고요. 진실호가 [목포 신항으로 가는 세월호] 뒤에 그때… 진실호인가, 따라가고 다들 따라갔었잖아요. 배 몇 대 준비해 가지고 또 따라가고 혹시나 뭔 일 있을까 봐 다 따라가고, 먼저 신항으로 보내고 나서 또 계속 남아 있었죠. 한 달 한 보름 정도.

면담자   진실호는 인양된 세월호를 따라 신항으로 가구요.

소희 아빠   더 이상 진실호는 거기 있을 이유가 없으니까. 그리고 배를 뒤에를 따라가야지만 뭔 일이 있을지 모르니까. 그래도 따라가자 해… 다들 배…, 그 외에도 더 빌려서 갔고요.

면담자   그때 유가족과 미수습자 가족분들은 따로 배에 타고 계셨었는데요.

소희 아빠   우리는 그때 저거 했을 때 진실호를 타고 뱅뱅뱅 돌고 막…, 그다음에 유가족은 저쪽 그 배 두 대가, 두 대를 준비해서 보고 있었잖아요. 그때 저도 진실호를 타고 있었는데…, 그리고 뭐 잠수부들 영상 촬영했을 때도 마찬가지로 그 잠수부[와] 같이 배 탔다가 실패했던 거 그런 것들… 올라오고 나서 배 다 저기[인양] 하고 나서, 딱 들어 올리고 배 떠나는 것까지 제가 다 봤거든요. 계속 이러고 보니까… 뭐라 그래야 될까요, 그냥 좀 멍해졌어요. '이제 다 끝난 건가, 이게 인양이 이제 끝난 건가' 뭐 그런 생각….

근데 그[사고 해역] 안에 남아 있는 것들이 많기 때문에 가족협의회에서는 회의를 해가지고 원래는 "[동거차도에] 석 달 정도는 더 있어야 되지 않느냐"라고 그게[계획이] 나왔었고요. 그래서 그럼 이제는 부모들이 돌아가면서 하기에는 너무 많이 지친 상태고… 매주마다 그래 가지고 "결정을 내자. 석 달 정도 가 있을 사람을 정하자" 그래서 저는 흔쾌히 "내가 가겠다" [했어요]. 당연히 가야 된다고 생각했고요. "그럼 소희 아빠하고 다른 부모님이나 저거[자원자] 없냐" 그랬더니 아무도 안 나오시더라고요.

그래서 혼자가, 혼자가 아니라 저희를 제일 많이 도와주신 분 계셔요. 최창덕 형님이라고, 광화문에서 같이… 영석이 아빠하고 민우 아빠하고 같이 광화문도 지키고 그러신 분 계셔요. 네, 최창덕. 그 형님하고 같이 들어가게 됐죠.

그래 가지고 원래 석 달을 생각하고 들어갔었는데 또 그때 해수부에서는 또 그때 당시에 마지막 [수색]할 때 배가 하나 떠 있었잖아요. 거기에 참관을 허가했어요, 이제는. "가족들이 참관을 해도 된다", 다 끝나고 나서(웃음). 어처구니가 없어 가지고….

그래 가지고 가족협의회에서 저게 왔죠. "이제 소희 아빠 철수해도 된다" [해서] "알았다" 그러고 정리하고. 그 갑바로 이렇게 바를 쳐가지고, 그때 당시에 돔 있잖아요. 다 싹 정리해 놓고… 그 당시에 쓸 만한 거는 밑에 마을 주민들한테 필요하신 분 가져가시라고 다 내려드리고…. 그리고 싹 정리해 놓고 내려갔죠. 그게 바로 5월, 그날이죠.

면담자   네. 전에도 얘기하셨던 선거 결과 나왔던 그날.

소희 아빠   그날 해가지고 그렇게 정리하고 나왔죠.

면담자	나오신 이후에는 안산으로 일단 집으로 가셨던 건가요?
소희 아빠	네, 안산…, 일단 나오자마자 신항으로 갔고요. (면담자 : 신항으로 먼저 가셨어요?) 신항 가서 배 보고 그러고 올라왔다가 인양분과장이 "좀 올라와서 쉬는 게 좋을 것 같다" 그래서… "알았다. 일단은 올라가 있겠다"했고. 그리고 나서 좀 쉬었죠, 푹(웃음).
면담자	아니요, 2017년 7월부터 쉬셨다고 하셨어요.
소희 아빠	7월, 7월이 아니라….
면담자	네. 8개월간 2017년 7월부터 쉬셨다고 하셨는데. (소희 아빠 : 7월이요?) 5월에 나오셨으니까.
소희 아빠	6월이요, 6월.
면담자	6월부터 쉬셨어요?
소희 아빠	네. 6월부터 쉬었어요, 저.
면담자	그럼 목포 신항에 그 이후에는 안 가셨어요?
소희 아빠	그 이후로는 아예 안 갔죠.
면담자	동거차도 나올 때 간 이후로는?
소희 아빠	그리고 집에만 있었죠. 아예 집에서 나오지 않았어요.
면담자	그 전에는 3개월간 계속 동거차도에 계셨던 건가요?

소희 아빠　　　3개월이 아니라 한 한 달 보름 정도 있었죠. 마지막에 있을 때 쭉…, 마지막 영상하고 자료하고 노트북하고 카메라하고… 영상을 갖다가 계속 백업을 해야 되니까. 당시에 노트북하고 싹 정리해 가지고 제가 갖고 가서, 신항 거기 자료실에 또 갖다 놓… 자료실 또 하나 있잖아요, 신항에. 거기다 갖다 놓고 싹 정리해 놓고 그리고 올라왔죠. 올라와서 조금 그냥 위에 일 좀 하다가… 개인적으로 좀 일이 있어 가지고 그냥… 쉬게 되었죠. 집에서 하루도 안 나왔죠. 정말로 밖엘 한 번도 안 나왔어요.

면담자　　　몇 달 동안요?

소희 아빠　　　한… 정확하게는 모르겠는데, 아예 안 나왔어요.

면담자　　　건강이 안 좋으셨던 거예요?

소희 아빠　　　아니요, 아니요…. 좀 사연이 있어요(웃음).

면담자　　　그러면 그사이에 소희랑 동생은 두고 가셨던 거였잖아요, 다시 또 와서 챙기시고….

소희 아빠　　　아이들한테는 얘기를 했었고요. "아빠 지금 이런 상황인데 어떠냐"라고 제가 이렇게 던졌죠. 그러니까 소희 같은 경우는 "갔다 와", 막내도 "아빠 하고 싶은 대로 하세요"라고 얘기를 해서. 그게 제 마음대로 간다 그래서 갈 수 있는 게 아니잖아요. 아이들이 허락해 줘야지 가는 거고 그걸 먼저 양해를 구했죠, 애들한테. 그리고 나서 아예 올라와서 6월 달에서부터 아무 데도 안 나가

소희 아빠 박윤수

니까 "제발 좀 나가"라고(웃음). 그때 머리도 안 자르고 수염만 잔뜩 길러가지고 수염이 여기까지 길었어요.

면담자   그러다가 다시 나가게 된 때에는….

소희 아빠   그… C 아빠라고 부대표 있죠. 그니까 생존자 부대표 C 아빠가 갑자기 "팽목으로 한번 가보자"고 그러더라고요. 그래서…, 원래 안 나가려 그랬는데 하도 부탁을 해서, "그래 팽목으로… 갑시다" 그랬더니, 갔는데 우재 아빠 와 있고 등등 계셨고. 그래 가지고 오래간만이라고 인사하고… 그리고 왔는데 또 신항을, 그냥 갈 수가 없더라고요. 신항을 잠깐 들렀는데 인양분과장을 만났죠. 근데 상태가 너무 안 좋은 거예요. (면담자 : 왜요?) 몸 자체도 안 좋고, 정신적으로도 안 좋고. (면담자 : 동수 아버님이요?) 네. 그리고 단식에 들어간다 어쨌다 뭐 난리더라고요.

"일단 올라가겠다"라고 얘기를 하고 올라와서 가족회의를 할 땐 나갔어요, 나갔는데…. 그리고 [2018년] 3월 달 돼서… 2월 달 정도에 나가니까 애진이 아빠가 내려놓으셨잖아요, [생존자 가족] 대표를. 이제는… 더 큰 거를 하는 것도 있겠지만 이 가족들한테, 생존자 가족한테 너무 많이 지친 거예요. 그 이유는 참석도 많이 해주고 호응을 많이 해주면 되는데…. 제가 지금 똑같이 겪고 있는 거예요, 그거는. 그런 게 없다 보니까 지치는 거지, 사람이. 지치고 좀 질린다 그럴까요. 바라는 건 되게 많은데 하는 건 없어. 가족협의회 회비는 내. 그렇다고 무시할 수는 없어요. 이런 거, 이런 거 뭐… 거기에 좀 질린 거죠, 애진이 아빠가.

그렇다고 이 부모들을 그냥 냅둘 순 없으니까. 그래서 애진이 아빠가 "아이들은 성인이 되었으니까 아이들만큼은 챙겨서 가겠다…" [그래서] "그럼 그렇게 하시라"고 "내가 부모님 챙겨간다…" (한숨). 지금 후회가 막중[막심]하네요. 그 '쉼표' 있잖아요, 저희가 [단원고 앞에] 만들었다는 거. 거기서 "회의를 한번 하자" 해가지고 나갔어요. 나갔는데 벌써 만장일치로 통과되어 버린 거죠.

면담자　　뭐가요?

소희 아빠　　대표가.

면담자　　아버님으로요?

소희 아빠　　네. 사유가 일단 그거죠. 부모님들이 생존한 부모님들 아직도 공연히 불편해 하시고 유가족도 지금 보면 불편해 하시는 분들도 계시는데…. 그래도 저는 [활동]하다 보니까, 지금은 이제 웬만하면 다 친하니까 형, 동생 하고 그러니까, "그래도 소희 아빠 여지껏 했으니까 해야 되지 않냐…". 그래, "잠깐은 제가 할 수 있다. 길게 못 하고, 저도 좀 따로 준비한 게 있으니까 그걸 해야 되기 때문에…".

원래는 제가 반 대표를 내리고, 한 3월 달에 했잖아요. 그래서 한두 달만 하다가 제가 공식적인 게 아니라 그냥 비공식[으로] 좀 하다가 내리고 "누가 나오셔라", 왜냐하면 저는 특조위하고 이런 걸 거기에만 집중하려고…. 양쪽 거를 다 할라[다 보니까], 지금도 마찬가지이지만 다 하다 보니까 뭘 포기해야 되는 거예요. 회의는 하루에 세 개가 있어요. 그러면 제가 할 수 있는 게 회의 한두 개밖에 못 하거든요. 그럼 하나는 이제는… 거기도 다, 이 회의가 피해 지원 그 회의거든요. 무조건 들어가야 되는 거예요.

민변 같은 경우도, [박주민] 최고위원도 마찬…, 관홍이 입법 그것도 마찬가지로 피해 지원[하려면] 뭘 요구를 해야 그들이 들어줄 것 아니에요, 특조위도 마찬가지고요. 말 그대로 피해지원 저건데 [관련된 일인데] 그게 좀…, 오늘도 두 개를 빵구[펑크] 냈잖아요, 지금. [4·16]연대 피해지원회의 하나 빵구 냈고 지금 민변 '공감'[공익 인권법재단] 있잖아요. 그거야 뭐 일단 자료는 계속 올라오니까 별 문제는 안 되는데, 저도 사람인지라(웃음).

면담자   이걸 나눠서 같이할 다른 분들은 없는 건가요?

소희 아빠   그게 문제인 거죠. 제가 할 수 있는 거는 하루에 두 개까지는, 예를 들어서 회의가 아침에, 오전에 하나 오후에 하나 이렇게 하면 된다 치더라도. 나머지 하나를 누가 해주면 되는데 그걸 안 하시는 거죠. 그게 문제인 거죠. 왜냐하면 일, 다 직장을 다 갖고 계시니까 지금….

면담자   아버님한테 일이 몰리는 건가요?

소희 아빠   음… 몰릴 수밖에 없죠. 전체를 다 해야…, 그니까 저는 이쪽 것도 해야 되고 이쪽 것도 하다 보니까 회의가 너무 꽉 차는 거예요. 그리고 어떨 때는 너무 많다 보니까 잊어먹는 일도 있어요, 막. 오늘 진짜 솔직히 얘기해서 3시 '공감' 민변 거는 아예 까먹고 있었어요. 그리고 어저께 박준연 씨인가 재단에 지금 하시잖아요, 그… 팀장 그분이 4·16연대 회의에 오늘 들어가셨는데 어저께 말씀을 드렸죠. "오늘 구술 때문에 못 갑니다" 그랬더니 "제가 열심히 더 토론해서 올려드릴게요" [하더라고요]. "감사합니다" [했지요](웃음).

면담자　　바쁘신데 구술하러 와주셔서 감사합니다(웃음).

소희 아빠　　아니요. 그래야지 빨리 그만두지(웃음).

5
4·16생명안전공원 반대 집회에 대한 의견

면담자　　2018년 2월에 다시 가족협의회로 복귀를 하신 셈이네요. 또 2018년 2월에 세월호참사피해지원법 개정을 위한 정책간담회도 하고 4·16생명안전공원을 안산 화랑유원지에 조성하기로 발표가 나옵니다. 4·16생명안전공원 논의가 굉장히 길게 진행됐었잖아요. (소희 아빠: 그렇죠) 입지 선정을 놓고서 주민 간 의견이 갈리기도 했었고. 그런 논의들에 대해서 기억나시는 대로 혹시 이야기해 주실 수 있으세요?

소희 아빠　　그 당시에 뭐… 그… 뭐죠. 이제 시위를 막 꾸렸었잖아요. 그때 우리 피케팅하고 그랬었잖아요. 굳이 할 필요 없던 걸

소희 아빠 박윤수

했던 거죠. (면담자 : 왜요?) 어차피 국가에서는 대통령 산하의 위원회[4·16세월호참사 피해자 지원 및 희생자 추모 위원회]에서 다 하겠다고 정리를 해서 내렸는데 그걸 갖다가 시에서 [안 하는]… 그거는[그런 경우는] 없거든요. 당연히 진행…, 시간이 좀 걸리는 것뿐이지 진행은 당연히 되는 거였거든요, 발표를 했기 때문에. 근데 그게… 너무… 원래는 거기에, 무시를 하려 그랬는데 내용이 너무 도가 넘쳤던 거죠. 개에 비교하고 막… 그래서 "이제는 본격적으로 우리도 뭔가 행동을 할 때가 된 것 같다" 그래서 반대 시위를 했잖아요. 엄청 싸우고 파출소도 갔다 오고…(한숨).

안산생명공원[반대 주장] 같은 경우는 집값 떨어진다고 하고…. 다 알다시피 이쪽에서 지금 건물을, 아파트를 짓는데 당연히 이사를 가야 될 것 아니에요. 그럼 당연히 인구수가 줄겠죠. 당연한 거잖아요. 이 거품 집값은 지금 한참 막, 그때 당시에 올려놓고 이제는 안산에 인구가 많이 줄었다는 둥 그 말도 안 되는…. 이 건물이 계속 비어 있는 건물이 아니잖아요. 다 찰 거 아니에요, 그러면 또 늘겠죠. 그때는 뭐라 그럴지 참…(한숨). 그분들 그 마이크에다 대고 하는 소리들…, 사람으로서 할 수 없는… '납골당'이라는 단어는 없어졌어요, 우리나라에서. 일본어 뭐 어쩌고 해가지고…, 봉안시설이잖아요. 그게 바뀌었잖아요. 그런 말을 써가면서, 그런 것들이… 저는 [우리 아이는] 생존했지만 되게 듣기가 안 좋더라고요. 그런 걸 부추기면서 서로 싸운다는 게….

면담자　　　도교육청이랑 시청의 입장 차이도 있었나요? (소희

아빠 : 그건 잘 모르겠어요) 주민들의 입장 차이가 일단 있는 거고, 주민 중에서도 반대하는 사람들이 집값 얘기를 주로 했던 것 같고요.

소희 아빠　　네. 그런 거를 갖다가 선동하시는 거였고요. 물론, 근데 이게 구분이 된 게 뭐냐 하면 초창기 때 그분들이, 오셨던 분들이 안산 분들이 아니에요. (면담자 : 안산 분들이 아니에요?) 네. 그게 너무 웃겼어요. 그걸 갖다가 가르니까, 이제 얼마 안 되잖아요. 지금도 아마 시위하고 계실걸요. 그분들 안산시청에서 안전공원 만들지 말라고, 그게 뭐… 주 2회 해가지고, 그분들은 맞는데 그게 너무 웃겼어요. 그렇게까지 누가 동원한 건지 도대체. 아니, 안산에 살지도 않는 사람들이 와가지고 그… 어이가 없었죠, 아주(웃음).

면담자　　아버님도 안산 주민이시기도 하잖아요.

소희 아빠　　안 계신 분도 계시고. 아, 저요?

면담자　　네. 뭔가 주변에 이웃의 의견이라든가 이런 것도 들으신 게 혹시 있나요?

소희 아빠　　제가 와동에 사는데 와동은 좀 뭐라 그럴까요. 희생자가 많잖아요. 생존자도 많아요, 거기가 되게. 와동, 선부동, 고잔동 이렇게 좀 많은데…, 주변 뭐 4월 16일 이후에 아예 주변 사람들하고 얘기를 안 하니까요. 그다지 뭐 그렇게 신경 안 썼어요, 그렇게. 몇몇 분들은 알고 계시죠. 잘 가는 마트나 사장님들은 알고 계시는데, 그래도 얘기 안 하시는데요…. 안녕하시냐고 평상시처럼 그냥 그렇게 행동했죠.

면담자　　　주변 분들과 얘기를 안 하시는 이유를 여쭤봐도 괜찮을까요?

소희 아빠　　　나쁜 얘기건 좋은 얘기건 다 듣기가 싫었어요, 저는. 얘기하면 어떤 분은 길길이 날뛰는 할머니… 나이 드신 분들은 난리가 아니고. 그런데 이 사유가 집값 떨어진다는 게 난 너무 그게 어이가 없었고요. 여기가 개발되어서 나중에 집값 오르면 그때는 어떡하실 거예요, 반납하실 거예요? 참(헛웃음) 이해가 좀 안 돼요.

면담자　　　주민 의견 수렴한다고 공청회를 개최했는데 통장들이 동원됐다는 얘기도 있던데요.

소희 아빠　　　그것뿐 아니라 난리를 폈죠, 막. 말 그대로 그냥 납골당… 무조건 반대, 무조건 반대인 거예요. 사유가 따로 없어요. 그냥 집값이에요, 집값. 아니, 사실 만큼 사신 분들이 왜 그러신지 모르겠어요, 저는. 약간 젊은 층이 섞여가지고 그렇게 한다 그랬으면 '아, 젊은 사람도 많이 싫어하는구나' 이랬을 텐데, 나이가 거의 뭐 환갑이다 하신 분들이 오셔가지고 그게 뭐 하시는 짓인지…. 아무리 100세 인생이라 그래도 참… 돈이 그렇게 좋은가요? 그래서 [저도 때가 되면] 안산을 떠나려고요. (면담자 : 떠날 예정이세요?) 어디로 갈까 한참 찾고 있는데 생각한 데가 동거차도에요(웃음).

면담자　　　상당히 멀리…, 그런데 아드님이랑 같이 살고 계시지 않으세요?

소희 아빠   네. 막내는 어저께 신검받았거든요.

면담자   군대 가시는군요.

소희 아빠   아니요. 군대 가는 게 아니라 하사관 지원 시험 준비한다고, 1년만 더 저거[준비] 한다 그러더라고요…. 그래서 "알아서해라…".

면담자   그럼 그때까지는 안산에 계시려고?

소희 아빠   아니요. 동거차도 가야죠. (면담자 : 아드님과 따로?) 지금 계속 생각 중인데, 재판 끝나고 나서 좀 정리가, 좀… 해야 될 것 같고. 저도 이제는 언제까지 계속할 수는 없으니까 (면담자 : 이 일을?) 대표도 내려놓을 생각이에요. 그래 가지고 이제는 더 할 수도 없고. 어저께 얘기했죠, 애하고. "어떠냐?" 그랬더니만 "상관없다"고, 자기는 어차피 1년 동안 공부만 할 거라고. "차라리 들어가서 집에서 공부만 했으면 좋겠다. 그리고 뭔 일이 있으면 나오면 되니까" 얘기는 했는데, 한편으로는 저는 '아빠가 되어가지고 굳이 거기를 또 들어가야 되나' 내가…. (면담자 : 왜요?) 아니, 섬이다 보니까 그런 게 좀 걸리죠. 저는 상관없는데, 워낙 다 친하니까…. 그 집이 싸요, 600만 원밖에 안 해.

면담자   그런데 왔다 갔다 하는데 시간이 많이 걸리고….

소희 아빠   안 나오는 거죠(웃음).

소희 아빠 박윤수

6

생존자가족 대표 취임과 목포 신항에서의 경험

면담자   (웃으며) 알겠습니다. 2018년 2월에 가협에 복귀하신 이후에 갑자기 생존자가족 대표도 하시게 됐어요.

소희 아빠   제가 대표가 되고 나서 두 분을 만났죠. 제일 먼저 전명선 위원장을 먼저 만났고요, 그다음에 진상분과장을 만났죠. "이런 상황이고, 총 16표에서 14표 만장일치로 됐다", 그리고 두 분은 기권, 기권이 아니라 참석을 못 하신 거죠. 그랬더니만 가족협의회에서는 원래 또 따로… 저희가 소위원회다 보니까 따로 확운위에서 또 하셔야 되는, "소희 아빠가 대표가 되었는데 다들 찬성하시냐…" 그런 것도 없었어요. 그냥 갔어, 당연히. (면담자 : 일사천리네요) 네. 난 그게 너무 싫었어요. 뭔가 이렇게 원래대로 절차를 밟아서 하면 좋은데, 이유 묻지도 말고 따지지도 말고 어쩌다가 대표 있잖아요. "당연히 해야지" [그런 거].

면담자   절차가 원래 좀 무시되는 분위기인가요?

소희 아빠   무시가 아니라… 나쁘게 말하면 무시인데 좋게 이야기하면 잘 봐주시는 거죠, 부모님들이. 저에 대해서 너무 잘 아니까 "그걸 굳이 그렇게까지 할 필요가 없다…". 반대를 한 분들이 없으셨죠. 그리고 진상분과장을 그다음 주에 만났고, 진상분과장이 러브콜을 2년 동안 보냈어요, 저한테. "인양분과 내리고 진상분과로 좀 와달라"고. 제가 계속 밀어냈죠. "지금 인양분과를 하고 있는데 어떻게 진상분과를 할 수 있느냐". 지금도 뭐 특조위 "2기 특조위 때 진상분과 좀 와라" 그런 얘기를 했었는데, 신항에 있으면서 자주 또 같이 자고 그랬었잖아요. 한참 얘기를 했는데…(한숨) 진상[분과 일]이 워낙 안 좋아 가지고(웃음).

면담자　　　그러면 인양팀장으로 계속하시는 건가요?

소희 아빠　　　타이틀은 내리지는 않고 그대로 갖고 있고요. 타이틀을 따지자면 원래, 명함이 제가 되게 많아요, 집에. 법원[분]과 분과장 그다음에 대협분과장, 거기서 바뀐 것뿐이 안 되니까, 인양분과팀장 그다음에 생존자대표. 명함이 너무 많죠. 내린 건 아무것도 없어요(웃음).

면담자　　　명함을 가협에서 다 만들어주나요?

소희 아빠　　　그 명함은 가족협의회에서 허락을 해야 되는… 해야지만 나오는 거고요. 그냥 만들어주는 명함이 아니고 그 협의회에서 인정을 해주는 거죠. "이 사람은 인양분과팀장이다", "이 사람은 생존자대표이다"라고 하면 사무처에서 실무자가 명함을 준비해 주죠. 그러면 나와요.

면담자　　　명함 수만큼이 아버님에 대한 신뢰의 표현이네요 (웃음).

소희 아빠　　　아니에요. 그냥 이름만 바꾼 거지, 계속.

면담자   그러면 전명선 위원장님과 진상분과장님 만난 후에
목포 신항으로 내려가셨나요?

소희 아빠   아니, 인양분과장이 몸 상태도 안 좋고 '이건 좀 아닌
것 같다' 그래 가지고. 내려오는 사람들이 워낙, 신항 쪽에 부모님
들이 번갈아 가면서[내려가기는 했지만], 그때 당시에 번갈아 가면서
한 게 아니고 그냥 분과장이 1년 넘게 있었잖아요. 제가 그러고 나
서 계속 있었는데 그때부터 한 번도 집을 못 가고… 거기다가 또
선조위 그러다 보니까 단식까지 하다 보니까… '이건 좀 아닌 것 같
다' 그래 가지고 인양분과장 그때 만나고 올라왔[던 건데]…, 내려가
서 팽목 들렀다가 신항 들렀다가 인양분과장 만나서 잠깐 얘기를
했는데 '이건 좀 아닌 것 같다' 싶어 가지고. '이건 내가 내려가야
되겠다, 또…' 그랬죠 뭐. 그래 가지고 "상태가 안 좋으니까 가서 좀
쉬다가 내려와라" 그랬더니 말을 안 들어요, 인양분과장이. 고집이
너무 세서. 그래서 '괜히 내려갔다'라는 생각이 들더라고….

면담자   다른 가족분들은 목포 신항에는 안 가셨어요?

소희 아빠   분과만 갔죠, 분과. 대협분과, 인양분과, 진상분과,
심리생계분과 이렇게 분과별로.

면담자   반별로 돌아가면서 오지는 않았나 봐요?

소희 아빠   없었어요. 그래 가지고 나중에 회의를 할 때, 지금
7반 대표죠. 재단이사…, 그쪽 영석이 아빠. 영석이 아빠가 저거를

했죠, 지금 상태… '너무 힘드니까 이건 도저히 아닌 것 같더라고…'. "각 분과장의[과] 반 대표들이 내려가라" 그래 가지고… 예를 들어서 심리생계분과장이면 1반, 2반 대표 같이 세 명이 내려가는 거죠. 그래서 좀 계속 도와주고 그랬었죠.

면담자   목포 신항 내려가니까 선체조사위도 나와 있고 컨테이너가 되게 많더라고요? (소희 아빠 : 되게 많았죠) 미수습자 가족분들도 계시고.

소희 아빠   미수습자는 나중에 내려오셔서 가지고 더 늘어났죠, 컨테이너는. 원래는 계속 인양분과 혼자 쭉 계시다가 미수습자가 거의… 끝에 정도 되니까 내려오신 거죠. 그분들도 그렇게 해가지고 뭐, 대변인이라고 해서 그때 자봉[자원봉사]이라고 해가지고 계신 분이 계셔요. 그분 대동해서 같이 내려오셨는데, 자봉 그 대변인하고 얘기를 좀 많이 했죠, 제가. "어떻게 할 것이냐" 그래 가지고 해수부하고 어떻게 하고 좀… 하여간 정리해서 "10월 달이면 정리해 가지고 올려 보내드리는 게 자기가 하는 마지막 일이다"라고 얘기를 하더라고요.

면담자   동거차도에서의 일과를 여쭤보았던 것처럼 목포 신항에서의 하루 일과도 얘기해 주시겠어요?

소희 아빠   목포 신항 같은 경우에는 아침… 8시죠. 8시까지 들어갔다가…, 작업이 8시 반에 시작하니까요. 모니터 앞에 보면 그 저희… (면담자 : 가족분들이 보시는 모니터요) 네, 열몇 대 있잖아요,

카메라. 배에도 있는 거 있고 바깥에 설치된 것부터 해가지고 리모 컨… 계속 보고 있는 거죠. 보고 있다가….

카메라를 이렇게 보다가 '약간 좀 작업이 이상하다' 그러면 해 수부가 되었든 선조위가 되었든 저희가 얘기를 하면 그거에 대해 서 설명을 해주고, 그거 갖고 부족하면 또 배에 올라가는 거죠. 올 라가서 확인을 하고…, 요청이 들어와요. "뭐 절단을 해야 된다, 어 디를 절단한다" 그러면 아침에 코샐[코리아샐비지]에서 갖고 오죠, 저희한테. 그러면 거기에는 선조위하고 가족협의회가 사인을 해주 면 절단을 할 수가 있는 거예요.

아침에는 그거 해가지고 "이게 사안이 뭐냐?" 충분히 협의하 고…, 먼저 올라가서 무조건 봐요. 저 같은 경우에는 올라가서 무 조건 봐요. 봐가지고 "이 부분인데 이런 부분이고 이거 때문에 이 렇게 절단할 수밖에 없습니다"라고 얘길 들으면 "제가 봤을 때 이 게 맞다 안 맞다"고 선조위에 얘기를 하는 거예요, 같이 회의를 해 서. 회의가 아니라 그 자리에서 이야기를 해요. "어떠냐" 그러면 "이건 이 방법으로 해도 되는데 왜 굳이 저렇게 하려고…", 예를 들 어 구멍을 100[mm]으로 뚫어야 되는데 코샐에서는 "200[mm]으로 뚫어야 된다" 그러면 "이거 100[mm]으로 뚫어도 되지 않냐? 축소 좀 해달라" 이런 거였죠.

이걸 사진 찍어서 모든 걸 거기다, 웹에 뭐 때문에 이런 사항이 고 이런 걸 보면 거기다 사인을 해주는 거죠. 그 절단을 딱 그 크기 로만. 그리고 가족협의회에 기록방[기록단 채팅방]이 따로 있어요.

기록방에 올리고 확운위에 보고하고 그러면… 혹시나 부모님, 활동위원회 임원이 누가 물어보면 거기에 대해 설명해 드리고, 그런 거였죠.

배는 하루에 많게 올라갈 때는 다섯 번도 올라가고요. 적게는 뭐 하루에 최고 적게가 두 번. 오전에 한 번, 오후에 한 번. 필요할 땐 뭐… 뭔 일이 크게 있는 거 같으면 계속 올라가야죠. 그런데 배 한 바퀴 도는 데 1, 2시간 넘게 걸려요. 체력 소모가 너무 심하죠.

면담자 배를 한 바퀴 도는 것도 사실 쉽지 않을 것 같은데, 안에 내부 상황도 그렇고….

소희 아빠 이게… 평지 같으면 걸어가도, 가면 되는데 배 같은 경우는 너무 미로잖아요. 올라가는 데만 기관실 두 층에 3, 4, 5층 해가지고 그렇게 되어 있는데, 위에 그리고 마지막 거기…. 한번 돌면 다 돌아야 되는 거죠. 그게 한 2시간 몇 분 걸려요.

면담자 배를 돌면서 주로 보시는 게 있으세요?

소희 아빠 뻘 같은…, 그때 당시에는 뻘이 어디에 좀 많이 있나…. 그래서 저희가 요구를 계속해야 되니까. 여기 있는 뻘을 갖다가 아침에 회의, 9시 반에 회의할 때 요청을 하는 거죠. "여기 좀 빨리 좀 정리해 달라" 그러면 코샐에서는 그쪽을 먼저 이렇게 정리를 해주고 이런 것들…. 그리고 배를 볼 때, 그때 당시에 배에 들어가서 봤던 거는 아이들 뼈나 이런 거, 그런 거 찾고 다녔죠.

그리고 일부러 올라가서 저는 안 내려왔어요. (면담자 : 왜요?)

숟가락 하나 갖고 계속 파는 거죠. 저희가 갖고 나온 게, 영석이 엄마하고 저하고 정인이 아빠가 갖고 나온 게 어마어마하게 나왔죠. 그 시기가 코샐이 철수했다 다시 들어온 시기였는데, 몇 월 달인지 모르겠는데 아무튼…. 그 [수색] 장비를 전부 다 준비하고 뭐 하는 데 한 달 정도 걸린다 그러더라고요. 좀 화가 났어요, 저희가. 회의를 했는데 "그럼 미리 와서 준비를 하지, 왜 이제 와가지고 앞으로 준비하는 데 한 달이 걸린다 이런 얘길 하냐…". 화가 나서 그냥 셋이서 올라갔죠, 선조위하고 같이. 왜냐하면 동행을 해야 되니까….

그래 가지고 그 3, 4층에 보면 이렇게 협착된 부분 있잖아요. 거기를 다 팠어요, 그냥. 원래 거기 손대면 안 되거든요, 가족들이. 그렇게 회의를 하다 보니 막 꺼냈죠, 저희가 일부러 [직접 발견한] 노트북에 카메라에 막… 카메라 열몇 대에다가 디카[디지털카메라] 두 개… 그 외 애들 캐리어서부터 시작해 가지고 어마어마하게 나오더라고요.

그러니까 이제 코샐에서 나름대로 해수부하고 난리가 나는 거죠, 가서 부모님들이 파고 있으니. 뼛조각을 하루에 다섯 개, 여섯 개씩 찾아갖고 내려왔으니까요, 저희가. 그게 다 동물 뼈더라고요. 저는 아침에 올라가면 다섯 개, 저녁에 올라가면 다섯 개 매일같이 이렇게 찾아갖고 내려왔어요. 그렇게 한 3일 하다 보니까 나름대로, 해수부하고 코샐에서 나름대로 "빨리 좀 해야 될 것 같다" 그래 가지고 일사천리로 일주일 만에 준비하더라고요(웃음). 한 달 걸릴 걸 일주일 만에 당긴 거죠, 그렇게 하다 보니.

그렇게 했는데 부모님들한테 욕을 많이 먹었죠. "그걸 시켜야지 왜 흙 묻어가면서 바닥에 기어가면서, 그걸 왜 부모들이 하냐" 그런 부모님도 계셨고, "고맙다" 그러는 부모님도 계셨고. 명찰이 많이 나왔잖아요. 지갑하고, 학생증하고 이런 게…. 아마 그때 최소한 못해도 팔십몇 점인가 나왔을 거예요, 저희가 갖고 나온 거. 고생 많이 했죠, 그때.

면담자   그거 다 직접 갖고 나오셨던 거군요?

소희 아빠   네. 손을 못 대게 했어요. 그거 가방이…, 캐리어나 이런 게 나오면 가방을 아예 못 열게 했어요. 그냥 제가 집에서 다 열었지. (면담자 : 직접 여셨어요?) 네. 뭐가 들었는지를 확인해야 되니까. 그리고 그분들, 해수부에서 원래 담당하시는 분 계시는데 손을 못 대요, 너무 오래되다 보니까. 옷 같은 것도 아이들 그… 겨울 같은 경우는 손만 대도 찢어지거든요. 손을 못 대시더라고…. 그래서 비키시라고 다 제가 개봉하고, 찢어져도 어쩔 수… 돈 같은 건 거의 삭아 있는 상태였거든요.

면담자   가족분들 중에서 반응이 다양하게 나왔던 건가요?

소희 아빠   그 물건에 대해서 왜 손대느냐 그게 아니라… "일을 왜 하냐… 시켜야지, 왜 일을 하냐…", 그리고 "원래 손 안 대기로 했지 않냐". 근데 저희는 그때 당시에 그걸 설명을 하면 그 부분은 이해를 하시는데, "그때 당시에 그럴 수밖에 없었다" 그래도 약간 화내신 분도 계시고… 그런 부모님 계셔요. 말 그대로 아이들 옷,

그렇게 찾았던 그런 것들 나오면 또 되게 "고생 많이 했다"고 "수고 했다"고, 뭐 그런 거죠.

면담자   일을 시켜야 한다고는 하시지만 시켜도 안 하는 그런 상황이었던 거잖아요?

소희 아빠   사람이 없었어요, 코샐에게도. 인원 배치를 아예 안 했죠. 준비 기간이라는 게 뭐냐면 세척기를 갖다 놓고 건조대를 갖다 준비하고 이런 거였는데…. 그러다 보니까 사람을 투입을 시켜야 되는데 준비가 안 됐던 거고, 그런 것 때문에 좀 화가 났어요, 저희가. 그래서 "이건 아니다" 그렇게 하다 보니까 일사천리, 바로 다음에 사람… 한 3일 만에 사람 우르르 들어오고. 나중에 코샐 사장하고, 부사장인가 그럴 거예요. 일대일 면담을 했어요, 저희가. 〈비공개〉 코샐이 철수했다 다시 들어왔을 때 현대상선한테 제일 먼저 물어본 게 뭔지 아세요? "부모님 마음들 어떻게 얻었냐"고 그 말을 물어봤어요, 사장님이. 코샐이 처음에 왔을 때는 막… 저거 했었잖아요, 굉장히 부모님들이 막…. [현대상선이 가족들과 관계 유지를 잘 했던 게] 그게 부러웠던 거 같아요. 그런데 나중에 현대상선도 처음엔 그랬는데 나중에 부모님들이 마음을 여니까 되게 잘해줬잖아요. 일하시는 분도 인사하고, 나오면 인사하고 들어갈 때 인사… 그런 걸 보니까 사장이 좀 바뀌었죠. '아, 우리도 저렇게 해야 되겠구나'. 아침에 일하기 전에 사람들 다 모여서 인사하고 묵념하고 그러고 올라가시고. 나중에 모르겠어요, 그 전에는 그렇지 않았는데.

219

3회차

제가 내려가서 그런 건지 어쩐 건지 모르겠는데, 아이스크림 냉장고에 꽉 채워놓고. 그다음에 배 위에다가 요구를 했죠. "냉장고 좀 올려줘라". 너무 더웠으니까 그때는. 한창 여름이었고 막…. 그런 걸 해주다 보니까 그분들도, 일하시는 분들이 잘못은 아니잖아요. 마음을 좀 여시더라고요. 다들 오면 웃으면서… 분위기가 좀 바뀌었죠, 많이 바뀌었다라고 얘기를 하더라고요.

면담자   배려를 많이 하셨네요?

소희 아빠   일인데 뭐… 그냥 일하시는 분들이나 거기 해수부가 되었든 경직된 게 아니라 나름 저는 풀어드리려 그랬어요. 해수부, 나중에 거기에도 뭐… 그때 태풍이 왔을 때인가, 이번에 말고 저번에 배 손상 갈까 봐 "다 막아달라" 그래 가지고 철판 갖다 위에 뚫린 데 다 막고, 조타실 보면 거기에도 다 막고 그랬는데…. 그런 거 해달라 그랬을 때 요구했을 때 좀 안 좋았거든요. 회의 때 좀 많이 싸웠거든요.

〈비공개〉

면담자   아버님이 내려가기로 하면서 인양분과장님도 쉬기로 하신 거예요?

소희 아빠   네. "좀 쉬어라" 그랬더니만 드문드문 왔다 갔다 하시기도 했고. 모르겠어요, 동거차도서부터 해서 인양분과장을 어찌 됐건 좀 하다 보니까. 제가 내려가 있으니까 약간 내리더라고

소희 아빠 박윤수

요. 그래서 다행이다. 동수 엄마가 "소희 아빠가 내려가 있어 마음이 편하다" [해서] "알았다, 제가 내려가 있겠다" [했지요]. [인양분과장의] 단식 때에도 마찬가지로 뭐… 일부러 안 올라오고 계속 있었던 이유가 그건데, 10일째에 쓰러졌잖아요. [날짜]번호판도 제가 매일같이 써가지고 갈아주고(한숨).

면담자   목포 신항에서 있을 때 식사랑 숙박은 어디서 하셨어요?

소희 아빠   목포…, 따로 안산시에서 식당을 잡아놨고요. 식사는 다리 건너서 계속했고 아침은 저희는 안 먹잖아요, 지금도 그런데. 숙소는 그 앞에 컨테이너 있잖아요. 양쪽에 끝에 보면 엄마 방하나 있고 아빠 방이 있어요. 그 말고 M타운이라고 저기 앞에 보면건물 하나 있어요. 거기 원래 방이 두 개가 있어요, 큰 방이. 그거하고 현대상선에서 저쪽 아파트 보면 두 채를 줬거든요. 그런데 다들 부모님들 안 가시고 거기서 생활하시더라고요. 거기[컨테이너]가편했고요. 아침에 일찍 들어가야 되니까 차 타고 또 와가지고. 그건 좀 아닌 것 같더라고요.

면담자   미수습자분들도 목포 신항에 많이 계셨을 텐데 그분들도 가협 소속인 거죠, 어떻게 되나요?

소희 아빠   가협 소속…, 그건 정확히 모르겠는데 아무튼… 재단에는 들어오셨고요, 두 분은. 제가 알기로는 두 분은 들어오셨고두 분은 아직 안 들어오신 걸로 알고. 일반인이시고 선생님이잖아요. 그러다 보니까 두 분… 정확하게 뭐 선생님 쪽에 계시겠죠.

면담자　　　배에서 일이 생길 때마다 선조위랑 가협이 승인을
해야 그다음을 진행할 수 있다고 하셨는데요.

소희 아빠　　　가협이 승인을 하는 게 아니라 내려가서 선조위
[가]…, 승인은. 결론은 그 당시에 거기 있는 사람이 내려줘야 되는
거예요.

면담자　　　거기에 미수습자 가족분들도 포함이 되는 건지?

소희 아빠　　　사인지에는 해수부, 그다음에 선조위, 그다음에 가
족협의회, 이렇게 사인이 세 개밖에 없어요. 미수습자는 그걸 요구
를 하죠. 그러면 이제 "이런 거를 해야 된다"고 코샐에서 준비를 하
면, 저희한테 오면 "이게 좀 문제가 된다" 그러면 다시 회의를 들어
가는 거죠. 아니면 "양을 좀 줄여서 합시다"라고 하든지, 대변인하
고 얘기를 해서 "이런 거 이런 거 이런데, 이런 건 좀 이렇게 하는
게 맞지 않겠습니까?" 그러면, 가족들은 "미수습자하고 의논을 좀
해볼게요"라고 의논을 해서 "그럼 그렇게 하시는 게 좋을 것 같다"
그렇게 해가지고 뭐…. 저희는 선조위한테 얘기하면 선조위가 해
수부에 얘기하고요. 미수습자는 바로 해수부하고 얘기를 하는 거
고요.

면담자　　　미수습자는 바로 해수부랑도 얘기를 해요? (소희 아
빠 : 네) 논의하실 때 의견차이 같은 것도 있었나요?

소희 아빠   의견차이…, 일단 미수습자 같은 경우는 내려오신 이유가 명확하게 뼈를 갖다가 전부 다 저거 해서[수습해서] 찾겠다는 하나…. 가족협의회도 그건 마찬가지이고요. 근데 미수습자 같은 경우는 무조건 절단이죠, 그냥. 왜냐하면 겹쳐져 있는 부분은 무조건 한쪽을 절단을 해야지만 그 안을 볼 수가 있으니까 내시경 갖다가 해보고 뭐… 이런 거였는데, "굳이 여기까지는 이렇게 하실 필요는 없다" 그래 가지고.

계속했어요, 회의를. 이해를 구하고 그쪽도… "그럼 거기까지는 그렇게 합시다" 그러고… 기관실 다 되었을 때는 제가 먼저 들어가서 "여기 여기 더 해주세요" 그러고, 뼐이 여기 더 있으면 그것도 마저 싹 해가지고 사진 찍어서 올리고, 올리면 선조위에서 정리를 해서 코샬한테 전달하죠. 거기를 싹 다시 한번 정리하는 걸로 하고 선생님이 미수습자, 어찌 됐건 저찌 됐건 만나서 얘기를 하기를 "그래도 제가 올라가 가지고 했지만 한번 올라가 보셔라. 올라가서 더 미흡한 점 있으면 지적을 하셔야 된다" 그랬더니만 올라가서 지적을 하시면 또…, 근데 제가 올라가서 지적한 거 외에는 더 없다고 얘기를 하시더라고요, 해수부에서.

면담자   인양된 배에 처음 들어가신 거는 언제였어요, 처음 들어가셨을 때 무섭거나 이러지는 않으셨어요?

소희 아빠   인양되었을 때 처음 들어갔던 거는 바로 나왔을 때 그때였고요. 그다음에 바로 섰을 때가…, 인양분과장님하고 둘이

다음 날 바로 들어갔죠. 왜냐하면 그 안에 뭐가 있는지 빨리 봐야 돼…, 증거가 될 수 있는 거를 갖다가 찾아야 되기 때문에. 그래서 원래 해수부에서는 "해수부나 코샐은 책임 못 집니다" 이랬던 거고요. 이유가 없었어요, 그냥 들어갔고요.

무섭다기보다는 그냥 아팠죠, 그냥…. 제대로 딱 선 걸 보고 나서 그 객실이 싹 들어오잖아요, 눈에. 그러다 보니까 SP[선실]에, 어디에서 누가 나갔고 이런 걸 전 알잖아요. 그러다 보니까… 거기가 제일 아팠어요, 그냥 17명하고 선생님 나왔던 데. 그것도 물론 관홍이한테 들은 건데 "계속 나오는데 한도 끝도 없이 나오더라". 그게 17명하고 선생님 한 분이에요. 그 자리에 갔을 때가 마음이 좀 아팠고….

그리고 그… 진상분과장이죠, 그 아이 있던 데. 거기에서는 뭐… 옆 칸을 부수고 뚫고 들어가 가지고 이쪽에서 나온 애들…, 그런 장소. 그게 바로 앞에 하고 옆이에요. 선생님이 데리고 들어갔던 거 같고요. 문을 잠그면 물이 안 들어올 줄 알았었나 봐요…, 그랬던 거 같아요. 그런 장소들…. 그리고 지현이, 다윤이[가 나온] 뭐 이런 데…. 배 보면 사다리 있잖아요. 거기에 이렇게 올라와서 짐을 올리면 화물칸에 올라가잖아요. 거기서 다윤이가 나왔거든요, 벽체에서…. 그런 것들 보면 '거기서 걔가 왜 나왔을까' 이런 것들… 저는 의문이…, 지현이 같은 경우는 화장실에 있다는 건 알고 있었으니까 그랬고….

배의 모양을 올라와서[인양해서] 볼 때마다 그냥… 좀 아팠죠.

많이 부서지고 아무것도 없으니까…. 벽체고 뭐고 이제 아무것도 없고 다 뜯어내다 보니까. 증축된 데는 아예 여자아이들 거기 객실이었거든요. 전부 다 다 날아갔잖아요, [절단해서] 없잖아요. 남자아이들 방은 그대로 아직 남아 있는데, 강당 큰 거하고 이런 데는 남아 있는데 여자애들 있던 데는 다 없어져 버렸어요. 그러다 보니까 부모님들이 엇갈린 [선체 보존에 대한 의견이] 이유가 "아니 이제 애 방도… 거기도 없는데, 그걸 뭐 하러 냅두냐. 다 없애라"고, 이게 반반 갈려버렸죠.

인양분과장도 그때 MBC가 카메라 주고, 쥐가지고 달고 들어갔잖아요. 들어간 게 우리 영상 기록하는 사람하고 코샐 과장하고 그렇게 해서 들어갔다가, 거기 3층 외에는 둘이서 들어갔어요, 그냥. 나머지는 "객실은 우리가 올라가겠다" 그래 가지고 올라가 가지고, 계단 이렇게 있고… 뭐라 그러죠? 올라가는 데 있잖아요. 올라갔는데… 좀… 아팠어요, 그냥. 그러고 한 일주일 동안 너무 힘들었죠, 잠을 못 자가지고. 그게 꿈에 계속 나오는 거… 그 장면이…, 아이들이 창문 깨고 그런 거 있잖아요. 그런 게 막 상상이 되고 그런 게 너무 힘들었죠. 그거 때문에 지금도 수면제 먹고 있어요. (면담자 : 약도 드시는 거예요?) 정확한 처방은 아니죠(웃음). 뺏어 먹는 거지.

면담자　　　　따로 심리 상담이나 이런 거는 안 받으셨나요?

소희 아빠　　　그때 받으려고 온마음센터에 요청을 했고요. 그런데 있다 보니까 올라올 시간이 없잖아요. 그리고 원래 목요일만 그게 가능해요, 치료가. 그래서 시간 자체도 안 맞았고요. 그래 가지고….

면담자   목요일 말고 다른 날은 안 해주나요?

소희 아빠   모르겠어요, 고대병원에서 나오시는 게 그날이라고 말씀하신…. 여기 안산에 있는 부모님들은 맞춰서 가시면 되잖아요. 그런데 저희같이 그렇게 신항에 있는 사람들은 거기에 맞춰서 오려면 시간을 다 빼야 되고, 그러면 완전히 다 빵구 나서 할 수가 없어요.

면담자   지금 목포 신항에서는 다 철수를 하신 거죠?

소희 아빠   네, 했을 거예요. 인양분과장이 저번 주에 확운위 때 얘기하셨고요. "이제는 정리하겠다"라고 선을 그으셨죠. 그래 가지고 컨테이너도 오늘 아마 다 뺐을 거고, 어저께 "사진을 어떻게 할 것이냐" 그래서. 지금 사무실 있잖아요, "갖고 올라오는 게 낫지 않느냐". 그것도 좀 회의를 해야 될 것 같아요. 왜냐하면 저장소도 그렇고 신항에 있는, 밖에 걸려 있는 사진들 있잖아요. 없는 아이들이 있어요, 사진에. 그런 게 좀 많더라고요. 반을 찍어가지고 이렇게 좍 전시를 해놓았는데 없는 아이들이 있는 거예요. 그 부모가 봤을 때 약간 좀 그렇잖아요. 그래 가지고 지금 신항에 사진이 그렇게 되어 있더라고요. 있는 분은 있고 없는 분은 없고 그래 가지고 이걸 갖고 와서 달 것인지는 아마 다음 확운위 때 논의가 될 것 같아요.

소희 아빠 박윤수

면담자   목포 신항에 계시면서 올해 논의들이 진행될 때 가 협 내 의사결정 과정에 특이점은 없었나요?

소희 아빠   의사결정은 거의 없고요. 그냥 신항에서 결정이 나면 확운위에 보고하는 체계였지. 여기 위에서 "어떻게 하자" 이런 논의는 없었어요, 보고 체계였으니까. 그리고 거기서 바로바로 그때그때 해결을 해야 되는 상황이어 가지고… 그걸 갖다가 올려서 뭐…. 큰 것들, 몇 주기 해가지고 거기 상차림도 했었잖아요. 그런 거는 논의를 하죠. 그 외에 바로, 뭐 오늘 절단 안 하면 내일 할 일이… 이 사람들은 놀아야 되는 거예요. 그렇기 때문에 바로 사인을 해줘야 되고, 그걸 해야 되기 때문에 바로바로 그때그때 해결을 안 하면 안 되었던 상황이었죠. 그 보고에 대해서 임원들은 다 이해를 하니까…. 보고 체계만 했었어요, 보고 체계만.

면담자   선조위랑 인양업체랑 같이 얘기를 할 때, 소희 아빠가 내려가신 이후에는 잘 진행되었다고 평가하세요?

소희 아빠   네, 뭐 그렇게 크게…. 뻘 작업이야 어차피 계속하는 거였고, 잔존물이라는 게 뭐냐 하면 배 안에서 철제나 화장실을 하면[이라면], 예를 들어서 타일 같은 거 이런 [수색 작업에 방해되는] 거 컨테이너에 넣기로…. 그렇게 크게 저거 한 건 없었어요. 합의는 잘 됐던 것 같아요, 아침마다 회의를 하니까. 그래도 보고 체계는 일단 코샐에서 "오늘 인원 몇 명, 무슨 장비, 뭐" 해서 보고를 쫙 하고 "어디서 어디까지는 무슨 작업을 합니다"라고 올리면 미수습자가 있고 저희가 있고 선조위가 있고 지금은 특조위가 있는 거죠. 그래서 아침에 회의 내용에 "장마가 온다" 그러면 거기에 대한 대비 같은 거 논의하고…, 그 외에 거의 뻘 작업이었으니까 그렇게 크게….

면담자   올해 목포 신항에서 특별히 힘들었거나 혹은 기뻤던 장면이나 더 덧붙일 거 있으세요?

소희 아빠   아니 뭐, 제일 힘들었다 그러면 그…거죠. 배가 바로 섰을 때 바로 들어갔을 때가 제일 힘들었고요, 한 일주일간 너무 힘들었고…. 인양분과장님도 마찬가지로 힘드셨겠죠, 저보다 더 아팠겠죠. 그리고 지금도 배에 못 들어가신 부모님도 계시고…. "거기 들어가면 도저히 못 보겠다" 이런 분도 계셔요. 제가 들어간 이유가 원래는 당시에 민지 아빠가 1반이에요. 1반 민지 아빠가 내려갔는데 "도저히 못 들어가겠다" 그래서 제가 들어간 건데…, 그런 게 가장 아팠던 거 같고 슬펐던 거 같아요. 그리고 기뻤다 그러면 빨리 진행이 됐다는 거. 원래는 올해를 넘길 것이라고 생각했는데 그래도 좀 빨리 끝났죠.

　이제 선체 보존 남았잖아요. 선체 보존을 어떻게 할 것인가. 지금 녹이 계속 슬고 있으니까 거기에 대한 약품을 뿌리든 이런 걸 지금 아마 담당이 정해진 게 진상분과하고 인양분과장이 내려가서 하실 거고요. 그래서 더 이상 거기에는…, 언제든지 내려가… 제가 내려간다고 뭐라 할 사람 없겠죠. 그런데 이쪽 일도 많으니까는.

정 안 되시면 제가 또 내려가든가 그래야 되겠죠.

면담자　　　목포 신항은 철수하고 컨테이너도 치운다고 하셨지만 그 이후에 계획이 있나요?

소희 아빠　　　일단 특조위가 계속 있을 거고요, 거기에. 그래 가지고 2년이잖아요. 앞으로 2년, 2년 동안 거기 거치가 되어 있을 거고. 앞으로 어떻게 할 것인가 거치를, 목포에 어느 곳으로 할 것인지 진도로 할 것인지 안산으로 할 건지… 이거를 특조위에서 결정하게 되어 있어요. 빨리 그거를 결정하면 될 것 같고요. 그리고 우선이 뭐냐면 선체 보존을 빨리…, 그대로 보존하자고 가족협의회에서 나왔으니까. 그러면 빨리 약품처리를 해서 부식이 안 되게끔, 그거 남은 거 같아요.

면담자　　　부식이 많이 되었더라고요.

소희 아빠　　　그런데 보존 처리하시는 분들은 아직까진 끄떡없다고 말씀하시더라고요. 급한 거 아니라고 말씀하시는데…, 글쎄요…. 영상을 보면 배가 처음 왔을 때 영상하고 지금 영상하고 비교를 하잖아요. 배가 엄청나게 부식되었어요. 녹이 너무 많이 슬고 있는 거예요. 원래 조타실이 되게 깨끗했거든요 조타실도 지금은 다 무너지고 녹이 다 슨 상태예요, 많이…. 바닷바람이다 보니까, 그래서인지 막아놨는데도 그렇게 변하더라고요.

활동 중 기억에 남는 장면

면담자　오늘은 2018년 관련해서 여쭤봤는데요. 활동 중에 특별히 기억나는 장면이나 가슴 아팠던 장면, 힘들었던 장면이 있었는지, 이야기 안 해주신 것들 위주로 말씀해 주세요.

소희 아빠　글쎄요. 가슴 아팠다 그러면… 2018년도인가요?

면담자　아니요, 어느 쪽이든 상관없어요.

소희 아빠　제가 하면서 기억났던 건 많지만은 현판에서 싸웠을 때… 광화문 끝에 있잖아요. 거기서 싸웠을 때 대학생들 막 들어오고 차 이렇게 해가지고 들어왔을 때 한참 싸웠을 때요. 그때… 청와대 올라간다고 엄청나게 싸움을 했잖아요.

면담자　2015년 1주기 때죠?

소희 아빠　네. 그때 전명선 위원장 외에도, 일반인이 그 앞에 손대면 안 되는 그런 것들 자르고, 그 사람 잡으니까 명찰이 나오고 이런 것들…, 선동하는 애들, 그런 것도 많이 봤고 잡으려다 못 잡은 거. 그리고 그렇게 싸우고 나서 마지막인데, 나올 때 제가 마지막에 나왔어요. 일부러 다 내보내고 마지막에 전명선 위원장님하고 저하고 나왔는데, 아이들 먼저 가야 된다고 그래 가지고 다 보내고…. 이렇게 나오는데 전경 애가 고개를 푹 숙이고 있는 거야. 그래 가지고 손 한번 잡아주고 "고생했다" 그러니까 "죄송하다"

고…. 그런 거가 너무… 모르겠어요, 기억이 나요. 그게 그… "너무 고생 많이 했다, 미안하다" 그러니까 "죄송하다"는 말이 아직도 기억이 나요. 많이 싸웠죠, 그때….

면담자 　힘들었던 기억도 있겠지만 좋았던 기억도 있으신지요?

소희 아빠 　좋았던 거요? 좋았던 거는 일단 아이가 뭘 하든 간에 열심히 한다는 걸 아니까 (면담자 : 소희가요?) 너무 고맙고, 그게 제일 좋았어요. 아빠가 이 가족 쪽에서 하고 있다는 게, 알아준다는 게 그게 너무 고마웠죠…. 소희도 그렇고 막내도 그렇고.

면담자 　그런 대화를 많이 하셨어요, 소희랑 막내랑?

소희 아빠 　제가 뭘 하려면 안 할 수가 없잖아요? 왜냐면 지들끼리 있어야 되니까. 흔쾌히 뭐…, 그걸 다 허락해 줬던 게 너무 고맙고 감사하죠. 지금은 잘 먹고 잘 살고 있으니까(웃음).

면담자 　여러 가지 활동을 여쭤보기도 했는데 임원 직책을 맡으면서 힘든 게 많이 있잖아요? 가족 간의 의견 갈등이 있고 부모님들 간에 시비나 사건이 있을 수도 있고 다른 연대단체와 소통도 있고, 어떤 점이 가장 힘드셨어요?

소희 아빠 　[생존 학생] 가족이랑 저거 한 게 제일 힘들었죠. 저희는 특별하게 뭐 바라는 게 없으니까. 가족협의회에 [대해]서는 일부 부모님들은 그냥 솔직히 얘기하면 그렇게 얘기해요. "가족협의회에서 도대체 생존자 아이들한테 뭘 해줬느냐, 여지껏 5년이 다 되어가는데…" 그런 것들. 장학금을 아이들 이름으로 주는데… 그런 게 좀 섭하다고 얘기를 하시더라고요. 생존자 아이들을 먼저 좀… 저희는 형제들은 4년을, 대학 자금 4년을 받았잖아요. 그런데 당사자 아이들은 2년밖에 못 받았잖아요. 네. 그런 거에서 "이왕이면 가족협의회에서 아이들을 좀 해줬으면 좋았는데" 이런 것들. 지금은 지나고 나니까 거의 다 졸업반 됐잖아요. 그렇게 크게 뭐…, 아쉬운 건 뭐냐 하면 아직도 가족협의회에서, 그러니까 뭘 해달라는 게 아니라 같이 이렇게 요청을 하는데, 그걸 만들어가야 되는데 이 부모님들은 움직이지 않는다는 거.

면담자 　　　이 부모님들이라 하시면 누구를 말씀하시는 거예요?

소희 아빠 　　　저희 16명 소송 가족. 그게 좀 문제인 것 같고요, 그런 게 제일 좀 답답하죠. 생존자가 뭘 원하면 아이들한테 "그렇게 가족협의회에 바라지 말고 정말 그걸 바라면 들어와서 요구를 해라" 이래야 되는데 그냥 요구만 하고 있어요, 그냥. 그러면 들어주지 않잖아요. 그렇게 전명선 위원장님도 "들어와서 해라. 들어와서 부모님들 오셔서 요구를 해라"라고 얘기했는데 안 움직이시죠.

면담자 　　　중간에 다 듣는 입장이실 것 같아요.

소희 아빠 　　　아니, 저야 뭐… 여기도 어차피 저거고 저희하고는 상관없는데, 그런 게 좀 답답하죠.

면담자   아버님이 소통을 하는 과정에서 특히 신경을 썼거나 주의했던 점이 있으세요?

소희 아빠   일단 아무리 같이 간다고 그래도 초창기 때에는 그래도 희생자 가족이시잖아요, 저희는 생존가족이다 보니까 많이 그…. 6월 달에도 제가 팽목에 있고 부모님들을 보다 보니까, 1년 2년 가다 보니까 마음을 열어서 전 들어간 상태잖아요. 그런데 이번 분들은 아직까지 그러지 못하잖아요. 아직도 그렇다는 게 좀 약간 그렇죠, 빨리 다 같이… 열여섯.

10반 같은 경우는 I, 한 명만 생존했잖아요. 그런데 그 부모님들은 얘를, 이 부모님하고 아이를 싫어하는 거예요. "넌 어떻게 혼자 나올 수 있었냐" 그렇게 따지고 그러시는 거죠. 융합이 안 돼요, 융합이 쉽게… 쉽지가 않더라고요. 저같이 이렇게 계속 활동하는, 활동해 가지고 하는 사람은 이해가 되는데 이 부모는 또 이해를 못 하더라고요. 같이 소송을 했는데도 나머지 부모들, 제명된 부모들은 말할 것 없고요. 거의 욕[하다시피], "뭐 하러 해주냐, 소희 아빠 하지 마", "75명 해서 뭐 하러 하냐, 열여섯 것만 챙겨라" [하시더라고요].

그런데 그게 돼요? 저희가 가족협의회에 생존자가 들어간 이유가 최소한 못해도 우리 아이들, 76명만큼은 모든 혜택을 받고 국가가 되었든 뭐가 되었든 그 힘을 실어주십사 해가지고 들어간 건데. 누구는 해주고 누구는 안 해주고 이건 말이 안 되잖아요. 물론 합의하신 분들이 잘못한 건 많아요, 그 합의를 이끌어나가는 사람들도 잘못된 거고….

　세 분은 아예 "난 이제 아무것도 안 하겠다. 재단이 되었든 가족협의회가 되었든 아예 안 하겠다" 그래 가지고 아예 안 하신 분도 계시고요. 나머지 분들은 합의하신 건데, 열여섯 빼고 나머지 하신 건데, 그거… 논란도 많았죠. 학교에서 그 일 때문에 제명도 세 명인가 됐고… J, F, K 부모님 세 분이 아예 가족협의회 제명이 되어버렸어요. 그런 것들이 좀 아프죠.

면담자　　제명된 분들과도 계속 개인적으로 연락은 하시나요?

소희 아빠　　지금 하려고 노력 중이에요. 어저께 전화번호도 받았는데, 재단 때문에 지금 해야 되겠더라고요. 어찌 됐건 저찌 됐건 다 피해자인데… 그걸 뭐 나눠서 한다는 것…. 가족협의회는 가족협의회고 재단은 재단이잖아요. 이분들도 당연히 혜택을 받아야 되지 않나….

면담자　　입장이 좀 다른가요?

소희 아빠　　입장이 다르기보다는 소송과 합의는요, 엄청나게 커요. 왜냐면 이들은 배신자예요, 가족협의회의… [입장에서는요]. 〈비공개〉 그들도 피해자인데 그걸 뭐 "만들어라, 마라" 이런 말하기도 좀 그런 것 같고, 같이 융합해서 했으면 좋은데.

　한편으로 보면 가족협의회가 이들을[의 요구에] 호응을 못 했기 때문에 이렇게 또 생긴 거라고, 저는 그렇게 생각해요. 저희들 또한 마찬가지로… 나머지 분들을. 어찌됐거나 합의한 이유는 나쁘게 하신 분도 계시고 정말로 어쩔 수 없이 하신 분도 계시니까. 그런데 그걸 갈라서 했다는 게 좀 잘못되지 않았나. 지금이라도 연락을 해서 재단에 전부 다 넣을 수 있으면 넣으려고…. 어저께 재단회의 그거 했더니, 회의해 가지고 문구가 다 나왔어요. 가족협의회에서 전부 다 모아야 된다고…. 피해자 누구, 저희 같은 경우에 [생존한] 아이 피해자 누구 부모, 형제자매 그 정도가 들어갈 것 같아요.

면담자 　　　재단에서 다 모으는 거에 대해서 동의하지 않는 가협 분들도 계시지 않나요?

소희 아빠 　　　네. 계시겠죠. 회의하면서 요청을 드렸고요. 그리고 한석호 위원이 다음에 확운위 때 오셔서 그걸 준비할 거고. 저희가 밴드가 두 개가 있잖아요. 하나는 가족협의회 회원 밴드가 하나 있고요. 하나는 사백몇 명인데 전체가 있는 밴드가 있어요. 거기다 공지를 할 거고요. 이메일 주소로 보내실 분 보내시고 우편으로 보내실 분들…, 그거 다 만들어가지고 어저께 다 끝내놓았어요.

면담자 　　　이제 마무리 질문 몇 개만 드리고 끝낼게요. 가족들의 투쟁 이외에도 여러 가지 공동체 활동도 있었잖아요. 예를 들면 4·16공방 있었고 4·16목공소, 4·16합창단, 그리고 종교 관련해서 기독인 모임이 있었죠. 이런 거 참여하셨는지, 아니면 '이웃'이나 온마음센터에서의 원예, 마사지 프로그램, 기타 종교 활동 중에 참여하신 것이 있으세요?

소희 아빠 　　　명확하게 말씀드리면 전체 다 아무것도 안 했어요.

공방… 아빠공방[4·16희망목공소]은 바로 저희 집 뒤에 있거든요. 그래서 자주 "오라" 그러는데 제가 원래 싱크대 일을 하다 보니까 그런 것들 많이 만지다 보니까 좀 많이 요청을 하시는데 "그런 건 하는 건 좀 아닌 것 같다", 그리고 워낙 이쪽의 일이 많다 보니까 거기까지는 뭐. 공방이 되었든 온마음센터 지금 10개 프로그램이 있잖아요. 거기서 다섯 개를 갖다가 저보고 오라 그러는데 하나도 못 가고 있고요(웃음).

그 외 공방은… 아빠공방, 엄마공방 제가 또 만드는 걸 잘하잖아요. 그래서 목걸이 같은 경우에는 배에서 나온 돌로, 지금 부모님들 다 드렸잖아요. 그래서 지금 [프로그램 참여 요청이] 계속 들어오는데…. 난타, 볼링, 산, 등산도 있구나, 족구. 내년에 무슨 낚시하고 자전거 뭐 어쩌고 하이킹인가 뭔가 그런 거. (면담자 : 그런 거다 잘하시잖아요) 잘하고요, 재밌어하고요. 낚시도 원래 되게 좋아했고요. 그런데 못 하고 있죠(웃음).

면담자   하실 생각은 있으세요?

소희 아빠   원래 막내하고도 자주 낚시를 다녔는데 이 동네에서는 못 하니까 그게 좀 그렇고…. 동거차도 가서 열심히 하려고요 (웃음).

면담자   족구 모임은 나가신다고 하셨던 거 같은데….

소희 아빠   네, 드문드문 나가는데 거긴 어차피 그 안에 있을 수 있고 족구장이 바로 옆에 있으니까. 시간 되면 토요일 날 되는 날에는 좀 하고요. 저녁에 하니까요.

면담자　거기 나가시는 특별한 이유가 있으신 건가요?

소희 아빠　아니요. 거기 족구모임 들어가신 분이 다 활동하신 분들이고요. 그래 가지고 애진이 아빠서부터 민지 아빠 다… 사무처장 다들 뭐 하는… 지성이 아버님.

면담자　하면서 스트레스를 푸시는 거네요? (소희 아빠 : 풀 건 없어요) 운동하고 뒤풀이하시고.

소희 아빠　아니, 스트레스가 더 쌓이죠. 민지 아빠하고 지성이 아버님 원래 조기축구를 한 20년씩 했었대요, 다들. 사무처장님 외 등등 많이 하셨, 오래 하셨더라고요. 욕먹고 있죠, 못한다고. 멍멍이 발이라 그러던데요. 얼마나 뭐라 그러는지 그것 때문에 스트레스받고 있어요(웃음).

면담자　4·16 이후에 4년, 거의 5년 가까이 가족들의 투쟁과 공동체 활동 관련해서 여러 가지 대표도 하시고 팀장도 하시고 이런 이야기를 해주셨는데요. 혹시 빠뜨린 점이라든가 더 남기고 싶은 이야기가 있으시다면 이야기해 주시겠어요?

소희 아빠　아니 뭐, 다 기억도 안 나는데 어떻게…(웃음).

면담자　그러면 다음에 마지막 구술이 있으니까 그때 또 질문 드리는 걸로 하고요, 오늘 여기까지 하겠습니다. 감사합니다.

4회차

2018년 11월 18일

1
시작 인사말

면담자 　　본 구술증언은 4·16 사건에 대한 참여자들의 경험과 기억을 기록으로 남김으로써 이후 진상 규명 및 역사 기술에 기여하고자 합니다. 지금부터 박윤수 씨의 증언을 시작하겠습니다. 오늘은 2018년 11월 18일이며, 장소는 안산시 단원구 4·16기억저장소입니다. 면담자는 장원아이며, 촬영자는 방승현입니다.

2
최근 근황

면담자 　　오늘 네 번째 구술인데 어떻게 지내셨어요?

소희 아빠 　　[가족협의회] 임원회의하고 그다음에 동거차도 들어갔다 오고 팽목에 들렀다가 신항에 들렀다가 그리고 올라왔죠.

면담자 　　임원회의에서는 어떤 내용이 오갔나요?

소희 아빠 　　양이 너무 많아 가지고 말씀드리기가 좀 그런데…(웃음). 한 열몇 장 돼요, 회의록이.

면담자 　　임원회의는 자주 하시나요?

소희 아빠 　　워크숍…, 그러니까 보름에 한 번씩 하고요. 전에는 일주일에 한 번씩 했는데 지금은 큰 게 없으니까, 기무사[민간인 사찰 수사 결과 발표] 그거 외에는…. 그런 거 대책, 어떻게 할 것인가? 참석을 못 했어요, 저는 거기 내려갔다 오느라고. 그래 가지고 회의록만 제가…, 그런데 아직 다 못 봤어요, 너무 많아 가지고. 그 깨알 같은 이런 거 있잖아요. 그리고 지금 엄마들 13일, 14일 날 워크숍 때문에, 공방[에] 아까 갔더니 공방장[이] "내려가자" 그러는데 "아, 너무 힘들어서 못 내려갈 것 같다"고…. (면담자 : 공방장님이요?) 네. 엄마공방에서 워크숍을 준비했어요. 그래서 "아빠들하고 좀 같이 가자" 그래 가지고, 자꾸 꼬시는데 제 몸이….

면담자   지난번에 가족협의회에서 워크숍 가셨잖아요?

소희 아빠   그건 가족협의회고, 이거는 공방.

면담자   공방에서 엄마장['엄마랑 함께하장'] 끝나고 뒤풀이하고 내년 준비도 하실 겸 가시나 봐요?

소희 아빠   설악산 그거… 하고 그다음에 바로 속초인가, 바닷가 갔다 올라오실 것 같던데요?

면담자   그렇군요. 동거차도랑 신항에는 혼자 가셨어요?

소희 아빠   아니요, 총 여섯 분인가 내려갔죠.

면담자   누구랑 다녀오셨어요?

소희 아빠   지성이 아버님하고 저하고, 가족은 두 명 내려갔고. 나머지 분들은, 활동가분들이라 그래 가지고 일반 시민들 있

242

소희 아빠 박윤수

잖아요?

면담자   재단 분들인가요?

소희 아빠   아니, 아니요. 그냥 서울에 각자 그냥 나름[대로] 세월호 때문에 저희를 도와주신 분들이죠.

면담자   이옥영 선생님이랑 동거차도 주민분들은 잘 지내시나요?

소희 아빠   네, 잘 계시고요. 그리고 진실호 그거 때문에 어떻게 할 것인지 그거 얘기 좀 하느라고…. (면담자 : 어떻게 하기로 됐어요?) 가족협의회는 분명히 동거차도에 [기증]할 건데 그게 "개인적으로는 안 된다" 그래 가지고 정확히 말씀드리려고 갔었죠.

면담자   이옥영 씨 개인에게 위탁하는 게 아니라 동거차도 마을 전체가 쓸 수 있도록 하신단 말씀이죠?

소희 아빠   마을 자체가 쓸 수 있게끔, 12월 말까지는 답을 달라 그랬어요. "알았다"고 말씀하시더라고요. 배는 옥영 형님이 관리하실 것 같고요. 마을 쪽에 이장님이 됐든, 이장님 한 분하고 거기 뭐죠?… (면담자 : 어촌계장?) 어촌계장이…(웃음) 시작해 가지고 세 명이서 그걸 준비해 가지고 서류 좀 보내달라고 그랬어요, 가족협의회에.

면담자   계속 동거차도랑 관계를 유지하시네요?

소희 아빠   해야죠. (면담자 : 자주 가시고) 저는 거기 2구 형님한테 얘기해 가지고, 그 형님 집이거든요. 지금 얘기는 해놨어요, "500만 원[에] 달라"고 그랬더니. 오픈한 그런 집 있잖아요. 누가 와서 이렇게 쉴 수 있는 공간들…. 그런 집 하나 거기 해놓고 진도에도 하나 또 마련해 놓고….

면담자 그거는 아버님 개인적인 경비로 하시는 건가요, 가족협의회의 지원도 받나요?

소희 아빠 그게 너무 복잡하고 그래 가지고 아예 그냥 제가…. 저도 '거기 하나 있었으면 좋겠다' 하고 '진도도 하나 있었으면 좋겠다' 해가지고 두 개를 해놓고…. 아마 페북이 되었든 인터넷이 되었든 누구든 올 수 있게 오픈을 해놓을 거예요. 그래서 오시면 다 쉴 수 있게…. 건우 아빠를 일단 먼저 데리고 내려가야 될 것 같아. (면담자 : 왜요?) 심리 상태가 너무 안 좋아 가지고.

면담자 거기 가면 더 안 좋으실 수도 있는 거 아니에요?

소희 아빠 거기가, 진도 같은 경우는 호숫가 바로 앞이라, 그리고 공기도 되게 좋아요. 그래 가지고 쉬시는 데에 문제없을 것 같더라고요. 그래서 좀 내려가라 그랬더니 "죽어도 싫다"고 얘기하네요, 고집…. (면담자 : 어느 분이요?) 건우 아빠요. 우재 아빠도 지금 상태가 안 좋은 상태라… 그것만 정리되면 빨리 쉬셔야 되는데 다들….

면담자 부모님들이 지금 다 건강이 안 좋으신가요?

소희 아빠 그렇죠. 암 재발되어 가지고 그렇게 되신[건강이 안 좋아지신] 분도 많으시고요, 유가족 중에. 저희 부모님 쪽에도 원래 치료를 다 끝내고 막 낫는 건데[나을 상황이었는데], 사고 나서 전이가 다섯 군데로 되셔가지고 지금 되게 심한 상태인 그런 부모님도 계셔요.

면담자 　　그런 것들도 국가에서 지원해 줄 수 있나요?

소희 아빠 　　그게, 연관성만 [인정]하면. 의사들은… 그 책임이, 책임을 피한다 그래야 되나? 예를 들어서 고대병원을 가면 "세월호하고 연관성이 있냐 없냐" 그걸 먼저 해요[물어요]. 그래 가지고 그 부모님은 그때부터 해가지고 온마음센터 연결해서 고대병원[에서 치료]하니까 "연관성이 있다" 그래 가지고 치료를 받으시는데, 몇몇 부모님들은 "아예 안 된다"라는 걸로 알고 있어요. 아예 그냥 이렇게 서류가 있으면 "세월호하고 관련 없음" 이렇게 써버린대요.

면담자 　　의사가 그걸 자의적으로 결정해요?

소희 아빠 　　네, 그거는 의사들이 결정하게 되어 있는 걸로 알고 있어요. 그리고 이게 만약 치료가 잘못되면 의사가 책임지게 되어 있어가지고… 좀 피하시는 것 같아요, 다들. 그거 때문에 또 지금 알아보고 있는 게 있어요, 저희[가] 따로.

면담자 　　그게 유가족들만 해당되는 사항인가요?

소희 아빠 　　저희도 다 해당 사항이죠, 전부 다 포함.

면담자 　　활동가들은 해당이 안 되는 거죠?

소희 아빠   지금 그게… [4·16]연대 회의 올라가서 하는 게 아직 통과가 안 됐잖아요, 그 법안[세월호참사피해지원특별법]이. 그게 빨리 통과가 돼야지 활동가서부터 시작해서 그때 당시에 시민들, 거기에 다 들어가 있어요. (면담자 : 준비하고 있는 법안에요?) 네. 지금 국회 통과가 안 됐잖아요. 지금의 야당에서는 발목을 잡고 있는 거죠. "관흥이까지만[은] 어떻게 좀 하겠는데 시민들은 빼라, 너무 광범위하다". 저희는 어떻게든 통과를 시키려 그러는데…. '올해 안에 안 되면 내년 안에는 무조건 되어야 되지 않을까' 생각 중이에요, 저는…. 회의는 일단 계속 들어가고 있으니까요. 거기에 대한 그… 국회가 되었든[어디가 되었든] 계속 푸시업[압박]을 하고 있어요, 저희 가족들이.

면담자   가령 박주민 최고의원이라든가 지지해 주는 국회의원 분들이 많으세요?

소희 아빠   일단 박주민 최고위원서부터 해가지고 민주당 쪽에는 다 지지를 하시죠. 근데 역시나 이쪽(웃음)… 거기[야당]서는 모르겠어요. 이게 맞는지 모르겠지만 '뭘 하나 잡고, 뭘 하나 얻어내려 그런달까' 그런 게 좀 비치더라고요. 박주민 최고위원은 명확하게 "이건 다 해야 된다"라고 선을 그어버린 상태라…. 지금 힘 싸움하고 있어요, 서로 아직까지.

면담자   박주민 의원이랑은 예전에도 만나신 적이 있나요?

소희 아빠   저희는 만날 수밖에 없었죠. 왜냐면 그때는 민변이었잖아요. 그때서부터 해가지고 저희, 국가에 조사신청서 이런 걸 그때 당시에는 민변에서 다 해줬거든요. 그래 가지고 아이서부터 저희 부모님들까지, 학교 바로 앞에 거기…. 저희가 사무실 있던 거 내줬잖아요. 그래서 거기서 있었던 거고요. 계속 만났죠.

면담자   아버님도 깊게 관련되어 일하신 적이 있으세요?

소희 아빠   깊게 하는…, 그거 지금 하는 거고요. 1기 특조위도 같이 해서 회의도 하고 그랬었죠. 특조위에서 방송에 많이 나온 거 있잖아요. 자고 있던 거 그런 거. 옆에 있었어요, 제가. (면담자 : 옆에 계셨어요?) "찍지 좀 말라"고. 그 외에 저기 광화문 가가지고 싸울 때도 밤새도록 같이 있었고요.

면담자   은평구에서 선거 나왔을 때도 가족분들이 선거운동을 같이 하셨잖아요.

소희 아빠   네. 그때 했었는데 저는… 저거 할 때만 올라가고, 그때는 못 도와드렸어요. 제가 일이 너무 많아 가지고. 그때 올라가신 분이 아마 지금 활동가이신 최창덕 형님하고 영석이 아빠, 그 외 등등 올라가서 하신 걸로 알고 있어요.

면담자   동거차도 얘기하다가 여기까지 왔는데, 동거차도랑 목포 신항에 총 일주일 정도 갔다 오신 거죠? (소희 아빠 : 네) 신항에서는 어떠셨어요?

소희 아빠   신항은 가니까 뭐 역시 아무도 없으니까, 애들 사진이 양쪽에 있잖아요, 밖에. 불을 저녁엔 켜놓고 낮에는 끈단 말이에요. 그런데 가니까 저녁에 한 6시 반에 도착했는데 깜깜하고 아무것도 안 보이는 거죠. 그래서 내려가자마자 좀 많이 속상했죠. 그래서 불 켜놓고 지성이 아버님이 2시인가 내려오셨어요. 잠깐 얘기 좀 하고 있다가… 바로 아침 되어가지고 "배 사진 좀 찍는다"고 들어가서 가지고, 다들 같이 들어갔다가 바로 팽목으로 넘어갔죠. 팽목은, 동수 아빠 병원 치료 때문에 광주 잠깐 갔다가…. 그날 나와서 그날 저녁에 오셨어요, 잠깐 얼굴을 봐야 되니까. 원래는 뵙고 바로 올라오려 그랬는데 다음 날 오신다 그래 가지고 기다렸죠.

면담자 신항이랑 팽목은 다 정리가 된 건가요?

소희 아빠 동거차도 같은 경우에는 정리가 다 끝났다고 보시면 될 것 같고요. 팽목 같은 경우에는 동수 아빠가 아직까진 구술을 계속하고 계신 거고. 끝났다…, 가족협의회 차원에서는 끝났죠. 그런데 개인적으로 "끝까지 해야 된다"고 그러고 계시니까…. 어떻게 도와드려야 될까, 지금. 그런데 개인적으로 동수 아빠가 여러 방면으로 찾아봤는데 "가족협의회로 연락을 해서 내려가 있는 그런 식은 가능하다"라고 얘기를 사무처에서 들었어요.

면담자 신항 쪽은요? 아무래도 아버님이 목포 신항에 오래 계셨으니까.

소희 아빠 신항은 정리가 끝났죠, 저희는. 신항도 끝난 거죠. 왜냐면 거기에 있는 사진하고들 다 골라올 거예요. 여기 지금 사무

소희 아빠 박윤수

실로 옮겨놓을 거고요, 사진 다 부착할 거고. 거기도 특조위가 있으니까 앞으로 2년 동안 특조위가 할 거고. 저희가 서울 사무실[로] 올라가면 거기서 보고를 받기로 했어요. 나머지는 저기 뭐야, 지금 남은 게 보존 처리잖아요. 인양분과장하고 진상분과장이 정리하기로 했고요.

3
생존 학생 가족으로서 활동에 꾸준히 참여한 이유

면담자   알겠습니다. 지난 4년 반 이상 여러 가지 일을 하셨는데요. 오늘은 4·16 이후에 본인과 가족의 삶이 어떻게 변화되었고 또 여러 투쟁 과정과 활동 속에서 깨달은 점이 무엇인지, 소회와 가족들이 어떤 의미로 다가오는지 이런 것들을 질문 드리려고 합니다. 아버님의 경우에 4년간 꾸준하게 활동에 참여를 한 이유가 뭐라고 생각하세요?

소희 아빠   이게 두어 개 정도 겹치는 것 같은데 '당연히 해야 된다'고 생각했고요. 먼저 간 아이들을 위해서도 그것도 있고[그렇고], 아이[소희]가 저한테 부탁한 것도 있고. 그리고 '이제는 뭔가 바뀌어야 된다'고 생각했고요. 전에는 저도 똑같은 일반 시민이었지만 사고를 당하고 나서 '이건 너무 아니다, 진짜. 나라가 너무 엉망이다' 그렇게 보이더라고요. 정치에 관심이 없었어요, 저는. 뉴스도 안

봤으니까요. 이제는 그분들하고 부대끼고 하다 보니까 '야, 이건 나라가 진짜 아닌 것 같다' 그래서 잘은 못 하지만 '자그마한 도움이라도 되어야 되겠다' 싶어서 가족협의회를 계속하고 있었던 거고요. 지금도 하고 있고요.

면담자　　　생존 학생 부모님들 중에 꾸준하게 활동하시는 분들은 드물지 않나요?

소희 아빠　　　그렇죠. 꾸준하게 다 못 하서요. 아이들이 있으니까. 그래 가지고 대표적으로 하는 게 저하고 애진이 아빠하고 가족협의회에 들어가 있는 거니까…. 그리고 나머지 분들은 조금씩 H 어머니하고 동아리 활동 이 정도만 하고 계시는 거죠.

면담자　　　지금 생각하실 때 지난 4년간 활동하신 거나 선택에 대해서 후회하는 점 있으세요?

소희 아빠　　　제가 여지껏 하는[해온] 거에서 후회하지는 않아요. 아직도 저는 이 선택한 거를 잘했다고 생각하고요. 그리고 소희한테도 마찬가지로 '해줄 수 있는 게 뭐가 있을까?' 했는데 이거라고 생각했고요, 저도. 그래서 아이하고 많이 얘기를 해서 "아빠가 이 길을 가더라도 네가 좀 많이 이해해야 될 것도 있을 것이다"라고 얘기를 해줬죠. 그랬더니 "알았다"고 그러더라고요. 이 내용은 막내나 소희나 다 똑같이 고민해서 알고 있는 얘기니까….

면담자　　　혹시 소희는 뭐라고 하나요, 소희가 아쉽거나 후회

하거나 이런 것들 있을까요?

소희 아빠   맨 처음에는 [이 활동을] 한다 하니까 "아빠, 파이팅" 해주는데, 한 중간 정도 3년 정도 지나니까 "아빠, 이제 그만할 때가 안 됐을까?"라고 소희도 얘기를 하더라고요, 힘드니까. 그래[서] 중간에 잠깐 쉰 적도 있고요, 한 몇 개월. 그런데 쉬고 다시 회사로 복귀하려 그랬던 적도 있었는데, 한 6개월 갔다 온 적도 있는데 안 되더라고요.

면담자   원래 어떤 일 하셨어요?

소희 아빠   저는 마지막 회사…, 마지막 다녔던 데가 □□전자 보안팀에 있었고요. 그리고 그 전에 한 이십몇 년 일한 게 □□주방 모델팀에 있었고. 그리고 제가 한 6개월 정도 복귀를 한 거는 가족 중에 건설회사를 차린 분이 계셔요. 부모님들이 모아서[모여서] 건설을… "튼튼한 집을 좀 만들자" 이런 걸 해가지고 거기에 입사를 같이하게 된 거죠. 그래 가지고 한 6개월 정도 했어요, 거기서.

면담자   그 회사에는 언제 입사하신 건가요?

소희 아빠   그게 아마 학교… 막, 그 시기쯤이었을 거예요. 그니까 회사를 들어가도 어차피 부모들이기 때문에 일하면서 [활동하고]. 그래서 그 일을 만든 거죠.

면담자   교실 존치 투쟁하신 때인가요?

소희 아빠   네, 그 시점이에요. 그때가 뭐였냐면 한참 막… 앞에서 노숙하고 있을 때 있잖아요, 그 시기예요.

면담자   그때 회사 6개월 정도 나가시면서 계속 활동하시고.

소희 아빠   낮에는 가서 회사일을 하고 밤에는 학교 가서 있었고, 이런 거죠.

면담자   힘드셨을 것 같은데, 6개월 하다가 그만두신 이유는?

소희 아빠   뭐라 그럴까? 회사는 아직도 있고요, 잘되고 있어요. 거기에 들어갔던 부모님들도 지금 계속하고 계신 분도 계시고…. 저하고는 좀 안 맞더라고요. 처음에는 좋았는데 가면 갈수록 제가 생각하는 거와 그런 게 안 되더라고요, 활동을 해야 되는데. 이쪽에 일이 급하면 이걸[급한 걸] 먼저 해야 되니까 이걸[세월호 일을] 못하잖아요. '이건 좀 아닌 것 같다' 그래 가지고 접었죠, 제가.

면담자   회사 창립하신 분은 계속 가족협의회에 나오시는 분이세요?

소희 아빠   지금은 안 나오죠.

면담자   그렇군요. 소희도 아빠한테 "이제 그만해도 된다" 이런 얘기를 내비쳤다는 말씀이시죠?

소희 아빠   네. 그때 한참 막 싸우고[투쟁하고] 이럴 때니까 소희 나름대로 걱정이 많이 됐나 봐요. 보시면 항상 맨 앞에서 그러고 있으니까. 또 걱정도 많이 되고….

면담자　　　소희는 계속 학교 다니고 있잖아요. 소희 고3일 때고 동생이 고2일 때 아니에요?

소희 아빠　　　소희가 그랬던 이유가 자기 때문에 그런 게 아니라 "아빠, 그래도 아직 동생이, ○○가 나이가 좀 어리니까 좀 더 이쪽을[에] 무게를 실어주는 게 낫지 않을까"라고 얘기를 한번 한 적이 있죠.

면담자　　　동생이 좀 힘들어했었나요?

소희 아빠　　　아니요. 너무 맑죠, 지금도 맑고(웃음).

4
활동하면서 가장 힘들었던 점과 위안이 되었던 점

면담자　　　지난 4년 동안 본인을 가장 힘들게 했던 점이 뭐예요?

소희 아빠　　　음…, 저를 힘들게 한 거는 여러 가지가 있지만 돈도 아니고요. 가족이 가족한테 상처를 주는 거라 그럴까? 그런 게 좀 많이 힘들었죠, 지금도 그렇고요. 〈비공개〉 그런 걸[회의를] 다 참관하고 있는 걸 모르세요, 다들. 나만의 싸움, 나만의 따로 싸움이랄까요. 그런 게 좀… 섭하면서 알아달라는 건 아닌데, 함부로 [말을] 안 뱉었으면 좋겠는데 말을 툭툭 뱉으신 분들이 계셔요. 그런 게 좀 안 좋더라고요.

다 각자 활동하는 영역들이 있어서 그것 위주로 생각하실 수 있죠. (소희 아빠 : 그렇죠) 아버님은 여러 가지 활동을 같이 하고 계신 건가요?

저는 일단은 사무⋯ 사무 그것도 있고. 특조위가 되었든 연대가 되었든 재단이 되었든 저는 [회의에] 다 들어가야 돼요. 왜냐면 거기에 지원소위가 다 있기 때문에. 아예 겹쳐가지고 못 들어간 것도 많고요. 여기서 막말로 부모님 중에 한두 분만 도와주시면 다 들어가서 할 수가 있는데⋯. 거기를[그 회의들에] 안 들어가면 안 되는 데였거든요, 전부 다. 피해지원소위라는 거에 무조건 다 들어가서 그 입장을 갖다가 얘기를 해주고 그걸 거기서[에] 반영을 해서, 예를 들어서 '아이들이 병원을 가야 된다. 이런 게 불편해' 그러면 그걸 요구를 해야지만 해결이 되는 거거든요. 그런데 그런 걸 일일이 못 찾아가서 얘기한다는 게 좀 안타깝죠. 그런 게 좀 아쉽죠.

같이 활동하는 가족들이 서로에게 상처가 될 때 어떻게 푸세요?

저는요, 스스로 잘 풀어요. 상처를 되게 많이 받으면 어느 정도 한계가 와요. 제가 그러면 아예 안 나가죠, 집에서. 일주일 정도 아예 연락을 다 끊어버리고 그리고 혼자 삼키는 거죠, 이걸로. (면담자 : 술을 주로?) 네. 술이 그래서 엄청 늘었죠. (면담자 : 혼자도 드시고요?) 네, 저는 혼자서 먹어요. 왜냐면⋯ 요즘에는 엊그저께 올라와서도 여럿이서 먹었는데 술 취해가지고 그런 모습 보여주기 싫은 거예요. 그땐 별로 안 먹고요. 혼자서 집에서 좀 많이 먹죠.

면담자   그럼 상처를 준 사람과의 관계는 어떻게 되나요?

소희 아빠   그냥 웃어 넘겨야지 뭐 어떡하겠어요.

면담자   상처를 줬는지를 그쪽은 모르는 거네요.

소희 아빠   좀만 생각하면 아는데, 저는 절대 어느 누가 되었든 가족이 되었든 누구한테든 그렇게 막말을 함부로 하지 않아요. 제가 그런 상처를 많이 받아보니까 '어, 이건 아니다' 그래서 한 번 걸러서 얘기하죠, 뭐 잘못되어도. 그런데 가족들 중에서 그런 분들이 좀 많으시더라고요, 직설적으로 얘기하시는 분들. 그런 분들이 좀 많아요. 그래서 서로 상처를 좀 많이 받죠.

면담자   술을 마셔도 풀리지 않고 쌓이면 더 커질 수도 있잖아요?

소희 아빠   쉬어야죠, 푹 계속. 그래서 한 몇 개월 동안 쉬었던 것들, 그런 것도 있는 거죠. [쉬고 나면] 그런 게 가라앉고 '이제는 다시 와서 뭔가를 해야 되겠다' 했더니, 또 [감정이] 올라오죠. 예를 들어서 지성이 아버님하고 동거차도 잠깐 얘기한 게 그런 거예요. "여기 진도 와서 살 거야?" 그랬더니만 "집을 한두 개 얻었어요" 이랬더니만 "소희 아빠가? 아마 박근혜 대통령 나왔다고 하면 제일 먼저 올라올걸?" 이런 거죠.

그리고 이게 좀 하다 보니까 쉬긴 쉬어야겠더라고요. 몸도 자꾸 가라앉고 너무 피곤하고. 작년까지만 해도 안 그랬는데 이 피로감이 너무…. 술을 많이 마셔서 그런가… 거기다 잠도 좀 못 자니까. 술 먹고 수면제를 웬만하면 안 먹으려 하는데 어저께도 두 개 먹고… 전화를 받다가[받아야 하는데] 아무것도 못 받았어요. 아침에 일어났는데 머리가 얼마나 아프던지, 무겁고 몸이 자꾸 가라앉더라고요.

면담자　　힘든 일도 많으셨겠지만 위안이 되었던 점이 있다면 뭐였어요?

소희 아빠　　위안이요? 뭔 일을 사무실에서 예를 들어서, 임원끼리 회의를 하고 나서 그걸[회의 결과를 실행] 했는데 되게 큰 성과가 났을 때, 이런 거…. 그럴 때는, 그런 게 보상이라고 생각해요.

면담자　　예를 들면 뭐가 있을까요?

소희 아빠　　뭐 저희가… 예를 들어서 이런 걸 요구를 하거나 뭘 했을 때 굉장히 힘들게 싸웠어요. 특별법 같은 게 좀 모자라잖아요? 근데 그런 거 말고 다른 것들, 지금 재판 중인 것도 그렇고요. 좀 바뀌었잖아요, 지금. 저희 거는 15일 날 들어갈 건데, 그런 게 좀 아이들을 위해서 할 수 있는 게 좀 제대로 되는 것들. 지금 '메모리[아][세월호 생존 학생 모임]하고 대학[이] 연대해 가지고 아이들 좀… 하고 있잖아요. 그런 게 조금씩 되어가고 있거든요. 그런 거 보면 아이들이 조금씩…, 그때 좀 기쁘죠. 지금은 딱 하나예요.

이제는 부모가 아닌 생존자 부모들이 아닌 우리 아이들이… 형제자매를 위해서 무얼 할 것인가…. 계속 거기에 대해서 지금 하고 있고요. 워크숍에서 내용은 그 내용이 나왔어요. "생존자하고 희생[자의] 형제자매들 그다음에 우리 생존자[의] 형제자매들을 어떻게 할 것이냐. 거기에 대해서 가족협의회가 생각 좀 해보자"[는] 내용이 나왔어요. 그래 가지고 이제 거기서만 집중적으로 좀, 애진이 아빠가 저거 좀 해야 되지 않을까….

면담자   생존 학생들이 모임을 만들기 시작했네요?

소희 아빠   원래 만들어져 있었고요. 19명이 있었는데 제대로 활동을 못 했죠, 학교 때문에. 졸업하고 그러면…, 거기다 또 희생자 형제자매들하고 이런 아이들이 좀 애들을 불러서 만나고 그래야죠. 조금씩 움직임이 보이죠. 그럼 이제 된 거죠. "거기에 대해서 어떤 걸 지원할 것인가, 뭐 이런 걸 좀 생각해 봐야 된다". 그래 가지고 확운위에 지금 올리고 있어요, 계속.

면담자   소희도 그렇고 아이들이 커가는 걸 보면서 어떤 느낌이 드세요?

소희 아빠   〈비공개〉 원래 어른이 빨리 됐죠, 소희는 어렸을 때부터. 아까 오다가 길 오다가 소희하고 친한 L이라고 있어요. 지금 유리 그쪽 하고 있는 아이인데, 우산 쓰고 오는데 어디서 많이 봤어. 그래서 "어디가?" 그랬더니 "안녕하세요". [그렇게] 잠깐 보고…,

저희 집 근처 바로 같이 살거든요.

면담자　　　그런 학생들 보면 어떤 생각 드시는지요?

소희 아빠　　L이랑 애들 몇몇은 지금 페북 친구가 되어 있으니까 보면 다 떠요. 안 보이는 아이들이 몇 명 있는데 걔네들이 좀 걱정이 되죠. 그리고 합의한 엄마 중에는 "난 이제 재판이고 뭐고 다 싫고, 가족협의회도 싫다" 그래 가지고, 합의를 한 세 명 중에 한 아이는 아직도 힘들어하거든요, 저희가 봤을 때에는. 근데 그 엄마는 그렇지가 않더라고요. 그런 게 좀 걱정이죠. 걔를 위해 할 수 있는 게 빨리 저 법안이 통과돼서 치료를 언제든지 받을 수 있게끔 그런 걸 만들어줘야죠.

면담자　　　생존 학생들 볼 때 다른 가족분들은 또 여러 가지 감정을 느끼시기도 할 것 같은데, 혹시 그 감정이 표출되는 걸 느낀 적이 있으신가요?

소희 아빠　　표출이나 뭐나 지금 뭐 이제 생존자 부모… 우리 회의를 제가 한 달에 한 번씩 소집하는데 안 오셔요, 이제는. (면담자 : 안 온다는 건?) 회의를 사무실에서 하잖아요. 오셔서 같이 회의도 하고 이런 내용도 공유를 하면 좋은데 다들 바빠서 가지고, 시간대도 안 맞고요. 오셔봐야 한 서너 분 오시니까…. 그런 게 좀 앞으로 [활동]하는데 걱정이 되죠.

　　거기에 제가 대표인 거고, 제가 회의를 진행을 해야 되는 거고 가족협의회 거를 공지를 해줘서 같이 공유를 하고 "이렇게 앞으로 할 것이다"라고 설명을 하면 다들…. 우리만의 자그마한 회의죠. 그거를[그 회의 결과를 가지고] 확운위 때 저는 '우리 가족은 이렇게 생각한다'라고 얘기를 하는 거죠.

면담자   회의를 따로 하시는 거네요.

소희 아빠   그 안에 있지만은, 쉽게 얘기해서 이런 거죠. 1반서부터 10반까지 있잖아요, 그리고 선생님이 따로 있고. 다 각자 따로예요. 따로 회의를 하고 그거를 임원회의 총 24명 모였을 때 같이 공유하고. 이런 거에 대해서 거기서 만약에 뭐를[어떤 안건을] 갖다가 통과를 시킨다 그러면 임원들이 결정을 하는 거죠. 한 번 걸러서 통과가 되는 거죠. 저희가 결정했다고 그게 막 되는 게 아니라 그런 회의를 다… 우리도 마찬가지고 다 마찬가지인 거죠[마찬가지로 하고 있죠].

면담자   생존자 가족 모임에서의 이런 결정이나 움직임을 유가족분들은 어떻게 보세요?

소희 아빠   지금 같이 하고 있는 부모들에 대해서는 별문제는 없고요. 이런[어떤] 걸 요청을 하면 당연히 다 승낙하고 있고요. 그런데 크게 지금 안에서 하는 게 없어 가지고, 저희들은. 기본적으로 심리생계분과 H 엄마가 치료나 이런 거에 대해서, 병원에 계시니까 아직도…. 그런 거는 심리생계분과장하고 팀장이죠. 같이 회의를 해서 하고 있고요. 나머지는 뭐…, 크게 부모님들이 할 건 없어요. 올라가서 뭐 저거[발언] 하는 것도 없으니까. "아이들한테 집중하는 게 나을 것 같다"라고 해서… 그렇게 얘기를 끝냈어요, 저희는.

면담자　말씀을 들어보니까 각자 따로 돌아가고 있는 거잖아요? 반모임들도 그렇고 생존 학생 모임들도 그렇고. 전체 차원에서 모이는 장은 있나요?

소희 아빠　한 달에 한 번 전체, 가족 전체 모임 회의 보고죠. 이런 걸 했고 뭐 했고 해가지고… 한 달에 한 번씩 브리핑하게 되어 있어요. 가족들 전체 오시면 백구십몇 가족인데요, 저희가 지금. 그런데 평균 오시는… 활동하시는 분들[은] 한 4, 50명 오시는 거 같아요.

면담자　주로 임원들이 오시는군요.

소희 아빠　주로 공방에서 하시는 부모님들이나 뭐 합창단이 되었든, 다 지금 활동하시는 분들이 오시는 거죠.

면담자　생존자 학생들은 안 오나요?

소희 아빠　저희 아이들은 아직까지… (면담자 : 형제자매나?) 네, 거기도 안 와요. 밴드가 있어 가지고 거기다 회의를 하고 나서 뭐가 있으면 공지를 매주 하기 때문에 그렇게 안 와도 뭐…. '다 같이 얼굴 보자' 하는 그런 취지지 다른 건 없어요.

면담자　생존 학생들이나 형제자매는 앞으로 뭘 하려고 하는지 혹시 장기적인 계획 같은 게 있나요?

소희 아빠 박윤수

소희 아빠   물론 진상 규명 외에 기본적인 거, 그런 거지만은…. 그런 걸 만들어줄 시기인 거죠, 저희는. 아이들이 어떻게 해야 된다는 걸 기본 틀을 잡아주고 거기에 대해서 저희가 던져야죠. "너희들이 이거를 좀 풀어서 앞으로 해야 된다" 이런 식으로, 그리고 1월 달 되면 가족협의회가 조직[을]… 다시 정비를 할 거고요. 방이 아마 없어질 거예요, 전부 다. 그리고 전명선… 지금 위원장님 있잖아요. 그 체제에… 총위원장, 그다음 부위원장 그리고 각 분과 그 중간에 사무처, 그다음에 반 대표, 총대표, 부대표 그러고 끝낼 거예요. 그리고 선생님이고 생존자고 다 필요 없이 이제는 그냥 다 모아서…. 그렇게 아마 변하지 않을까? 그 생각을 1월 달에 하고 있어요, 조직 개편이죠.

면담자   왜 그렇게 개편하시나요?

소희 아빠   더 단단하게…, 가족이. 반을 만들어놓으니까 이게 좀…, 이렇게 다 얘기하다 보니까 정리가 안 돼요. 선생님, 화물, 일반인 생존자, 저희[단원고 학생] 생존자, 1반서부터 10반까지 이렇게 되어버리니까. 원래부터 예전부터 말은 좀 나왔었고요. "이건 좀 아닌 것 같다". 아예 그 반을 다 없애고 총 그 [대표]하는 사람 한 명, 부대표 하나. 정 안 되면 두 반씩 되었든 세 반씩 되었든 묶어가지고. 그런데 그거는 좀 힘들 것 같고 아마 그렇게 변하지 않을까…. 최종적인 건 아마 1월 달이면 조직 개편에 들어갈 거예요.

면담자   가협의 변화인 거죠, 재단과는 별도인 건가요?

소희 아빠   재단은…, 말 그대로 재단은, 가족협의회가 있고 재단이 있으면 [두 개는] 별개예요, 완전히. 그리고 재단에서는 아마 가족협의회를 지원을 해줄 거예요, 이런 거를. 그 안에도 만들어질 거고요. 거기도[사회적참사특별조사위원회] 지원소위에 이제 회의를 따로 들어가고 있지만, 생존자 아이들이나 형제자매들을[에게] 사무실을 내준다든가 아니면 어떤 거를 지원해 줄까를 지금 회의하고 있는 거고요.

면담자   혹시 가협이 조직 개편을 하는 이유에는 나오는 사람이 줄어든다든가 하는 현실적인 이유도 있나요?

소희 아빠   아마 그것도 보고[감안하고] 있고요, 멀리 보면. 우리가 올라가서 부모님들이 가서 싸우는 게 아니잖아요, 이제는. 이제 다 서류 싸움이잖아요. 아무리 기무사가 지금 구속이 됐지만, 그것도 그렇고. 일단은 법적이 됐든, 뭐가 됐든 다 서류 싸움이라 이제는 몸을 부대껴서 싸울 시기는 지났다고 보는 거죠, 저희도. 그리고 이제 조직적으로, 서류가 되었든 지금 있는 자료 갖고 모든 걸 다 활용하는 거죠. 그걸 하기 위해서 자료실을 그렇게 크게 만들어 놓은 거고요. 여기에 '뭐가 문제가 있다' 그러면 그 자료를 다 빼서 그거 갖고 싸우는 거죠.

5
삶에 대한 태도의 변화

면담자   그러면 이런 경험들이 아버님이 세상에 대해서 가지고 있는 관점이나 삶에 대한 태도에 변화를 가져왔다고 생각하세요?

소희 아빠   네, 가져왔죠. (면담자 : 어떤 것들이?) 사람을 만들었달까?(웃음) 정신 못 차리고 다녔다가 이거 겪고 나서 정신 좀 차렸고요. 정신 못 차렸다는 게 나쁜 게 아니라, 남을 좀 생각하게 됐고요. 지금 이렇게 되면 안 된다는 그런 거. 관점은 '내가 좀 희생하는 일이 있더라도 다 같이 안아서 가야 된다' 그런 게 좀 많이 변화가 있죠. 말 그대로 나는, 저는 제가 돈을 벌어서 아이들만 생각했잖아요. 그게 아니라 좀 넓게 보게 됐고. 그분들이 하는 게, 활동가들 그분들 보면 일하고 저녁에 끝나면 바로 와서 또 저희 리본 나누고 이랬던⋯. 그런 거 보고 나서 '아직까진 저런 분들이 많으시구나' 그런 걸 좀 많이 느꼈죠. '참 좋은 분들 많다' 이런 거.

면담자   좋은 쪽의 변화를 말씀하시네요. 나쁜 변화도 이야기하실 수 있을 것 같았는데요.

소희 아빠   아니 뭐, 나쁜 사람도 많아요, 진짜 많았고. 그걸 이용해서 돈을 버신 분도 많았고요. 리본 같으면 저희는 오픈한 이유가 그거예요. 원래는 맨 처음부터 해서 저희가 특허를 냈으면 되는데, 팔찌가 됐든 뭐가 됐든 저희 게 아니잖아요. 저희 가족에서 딱 쓰는 건 리본은, 정확히 노란 리본 그 안에 들어가 있는 거 그거고요. 그거 말고도 뭐 별 희한한 모양 다 나왔잖아요. 판매를, 인터넷에서 쿠팡 같은 데에서는 3000원, 4000원. 아니, 그걸 또 사서 그렇게 하시는 분들이 난 또 이해가 안 되더라고요. 가족협의회에 오면 저희는 다 무료잖아요 그냥, 다 드리잖아요.

사업적으로 그걸 이용해서 하는 사람들도… 같이하는데, 명목은 같이하는 건 알아요. [그런데] 그게 좀 너무 안 좋더라고요. 그렇게 해가지고 판매할 것 같으면 저희가 아예 공장을 차려가지고 만들어 찍어 팔고 있죠, 그걸(한숨). 그런 분들은 그렇게 해서 도와주려는 건 알겠는데, 리본은 엄마들이, 부모님들이 말씀하시는 게 "리본은 저희 자식"이라고 생각하는 분들이에요. 그래서 함부로 그렇게 하면 안 되는 거고요. 그래서 리본은 손수 일부러 만드시는 거고, 하나하나 만들 때마다 대충 만드는 게 아니라 꼼꼼히 잘 만들고 계시는 거거든요, 그게 아이들 거라고. 그런 걸 갖다가 판매하고 그런다는 게 참…. 되게 많았죠, 그런 게. 저한테도 보고도 많이 들어왔고 그걸 어떻게 할 것인가도 직접 찾아가서 해결한 것도 있고요. 지금도 그래요. "이런 걸 내가 만들고 싶은데 우리를 달라". 그럼 저희는 자르죠, 단칼로. "안 된다, 이제는. 이거는 국민 거다. 저희 가족 것들도 아니고, 다 국민 거다" 그렇게 하고 있어요.

면담자　　　　가족이나 자녀 교육을 보는 관점도 바뀌셨나요?

소희 아빠　　　전에는 공부, 공부 이거였잖아요. 그런데 지금은 "네가 하고 싶은 거 해라" 그게 좀…. 공부하란 소리 안 해요, 저는. 막내는 대학… 가라고 했긴 했는데 "싫다"고 딱 자르더라고요. "그래 알았다, 존중한다" 얘기를 많이 해줘요. 이렇게 해도 "웬만하면 그래도 갔다 와야 된다"라고 얘기를 해주는데도… 자기가 싫다는 걸 갖다가 억지로 시키고 싶진 않아요, 지금. 소희도 마찬가지로 1학년 다니다가 휴학계 냈지만 "그래, 네가 그렇게 선택한 거니까 그러면. 결정은 단, 네가 했기 때문에 후회하지 마라"라고 그 정도로 얘기해 주죠.

면담자   가족이라는 말을 진짜 많이 쓰게 되고, 많이 생각하셨을 것 같아요.

소희 아빠   말 그대로 저희는 4·16[세월호참사]가족협의회고 가족이잖아요. 이게 전체가 다 가족이라고 생각하니까 지금 버틸 수 있는 거라고 생각하고 있고요. 만나면 "밥 먹었어?"가 먼저 인사말이니까. 하도 맨날 노숙하고 컵라면이 됐든 뭐, 어떨 때 싸울 때는 밥도 못 먹고 그랬었잖아요. 그러다 보니까 서로 그냥… 아침인사가 그거예요. "밥 먹었어?" 이거. 별말 아닌 것 같은데 나름대로 저는 또 그게 오더라고요. 그래도 가족끼리는 그러잖아요? '너 어디 갔다 왔어?', '밥 먹었어?' 이런 거. 그런데 쓸데없이 거르지 않고 툭툭 뱉는 게 싫죠. 원래 가족이 아픈 말도 잘하잖아요?(웃음)

면담자   아버님 본인의 가족들에 대한 생각도 바뀌셨어요?

소희 아빠   말 그대로 바뀌었다기보다는 아까 말씀드린 그냥

"하고 싶은 거 다 해라, 이제는. 뭘 하든". 둘 다 그렇게 하고 있고…, 아쉬운 게 있다면 집에 형님들하고 아예 연락이 끊긴 거. 가족들하고 완전히 끊었죠, 제가.

면담자 이 일을 계기로 그렇게 된 건가요?

소희 아빠 형님이 그쪽 일을 하고 계시니까 지금…. 그러다 보니까 많은 걸 저한테 저걸 했죠, "그만해라". 남들도 그렇게 얘기 안 했거든요, 저한테. "힘내시라"고 얘기하는데 가족이 그런 얘길…, 진짜 안에 있는 가족이잖아요. 저한테는 두 분 다 형님이시고. 제가 형님이 두 분 계시는데 두 분 다 그쪽에 있다 보니까, 그냥…. 저희 원래 본집이 군(軍) 다 그쪽이에요. 그래 가지고 명절 때 가가지고 어찌 됐건 가면 인사하면 똑같은 얘길, 다 똑같은 얘기를 해요. "국가를[와] 싸워서 이길 수 없으니까 이제 그만하고" 어쩌고 그 얘기가 되게 듣기가 싫었어요. 그게 좀 쌓이다 보니까 너무 제가 스트레스를 받는 거예요. '그럼 선 긋자' 그래 가지고 아예 안 가고 있죠, 한 3년 됐나?

면담자 형님들 쪽에서는 연락 없으세요?

소희 아빠 전화번호를 제가 바꿔버렸어요, 아예.

면담자 애들한테 온다든가?

소희 아빠 애들도 다 바꿨죠. 애들도 그 내용을 알고 있어서 안 하더라고요.

266
•
소희 아빠 박윤수

면담자　　　그렇군요. 향후에 몇 년 지나서라도 다시 만날 생각은 있으세요?

소희 아빠　　　그건 뭐, 나중에 되어봐야 알겠죠. 지금은 그다지… 연락하려고 했으면 어떻게든 했겠죠. 근데 전화번호 다 있어요. 있는데 지금은 하고 싶지가 않아요. 〈비공개〉 이 가족을 잃다 보니까 이 큰 가족이 또 생긴 거죠. 그렇게 보시면 될 것 같아요.

면담자　　　안산이나 이웃에 대한 관점도 바뀌셨어요?

소희 아빠　　　이웃이라고 해봐야 전에 한 번 이사했잖아요, 제가. 그 집은 소희가 이사를 하자 그래 가지고, 사고[세월호 참사] 나서 그래서 이사를 했는데…. 어차피 다 거기, 저희 사는 와동이 한 집 걸러 하나예요. 그래 가지고 옆에 옆에가 생존자가 살고 있고 그 옆에가 희생자, 앞에가 희생자…. 아침마다 나올 때 보면 서로 얼굴 보고. 같은 집에 위층에 살지만 그 주민들하고는 얘기를 안 하죠, 다들. 알고는 있어요, 제가 세월호 가족인 걸. 인사도 안 해요, 서로 불편할까 봐.

면담자　　　아버님이 불편하기보다 그쪽이 불편하니까요?

소희 아빠　　　서로 그렇게 하면 좀 불편할…. 번지수가, 그때는 너무 웃긴 게 뭐냐 하면 이사를 했잖아요, 97-3번지에. 그런데 그게 도로명으로 바뀌었잖아요. 그러니까 도로명이 416번지예요, 이사한 데가. 어처구니가 없어 가지고. (면담자 : 운명이네요) 하고 많은

중에 왜 416번지냐고요(웃음). 아니, 들어갈 때는 못 봤었어요. 도로명 바뀌고 나서 딱 붙이잖아요. 보니까 416이 딱 쓰여 있는 거예요. '뭐지?' 그래서 봤더니만 도로명이 그렇게 바뀌었더라고요. 416번지로. (면담자 : 깜짝 놀라셨겠어요?) '이게 뭐지?' 이런 생각은 좀 했는데, 왜 여기가 416번지가 꼭 되었어야 되나….

면담자　　　안산시에서 지정을 할 때 일부러 그러진 않았겠죠?

소희 아빠　　아니에요, 그건 아니고. 그냥 했는데 416번지가 된 것 같은데, 제가 거기로 이사 간 거죠.

면담자　　　'다시 이사 가야 하나' 이런 생각을 하시는 건 아니죠?

소희 아빠　　아니, '잘됐다' 그랬어요(웃음).

면담자　　　국가와 한국 사회에 대해서는 어떻게 생각이 바뀌셨나요?

소희 아빠　　국가… 국가는 아직도 좀 알아봐야 되는 상황이고요. 일단 뭐… 아까 그랬듯이 기무사 같은 경우에 사찰, 당연히 했겠죠. 거기다 제가 물어볼 게 하나 있어요. 저 당연히 사찰됐을 거고요, 왜냐면 인양 쪽이었고 동거차도부터 해가지고 이쪽에 있었으니까. 음주, 그것까지 사찰했잖아요. "누가 제일 많이 마시냐? 술". (면담자 : 가족들이요?) 우리 말고요, 기무사에서. (면담자 : 그러니까 기무사에서 가족분들이 누가 술을 마시나를?) 얼마나 술을 마시나 그런 거…. 난 그걸 왜 조사했는지 모르겠어요. 그런데 어찌 됐건 나온 거에는 그것도 있어요. 그런데 그중에 내가 다섯 손가락 안에 안 들어가면 죽일겨(웃음). 아마 제가 장담하지만 진상분과장하고 저는 들어가지 않았을까, 거기에서. 팽목에서 너무 많이 마셔가지고…. 아마 은화 엄마도 들어갈 수 있어요.

면담자   참 별걸 다 조사를 했네요.

소희 아빠   저도 참 이해가 안 되는 게 왜 그런 것까지, 쓸데없는 것까지 조사를 하는지…. 개네들한테는 필요했으니까 했겠죠. 그런데 좀 이해가 안 돼. 그거 좀 물어보려고요, 궁금해서. '도대체 가족 중에 누가 제일 술 잘 마시냐?'(한숨). 이해가 너무 안 돼요. 그런 사소한, 작은 것까지 조사했다는 얘기는… 어디까지 조사했[겠]어요? 탈탈 털었겠죠, 가족들 전부 다 가정들. 뭘 했었고 뭘 했고, 아이들 어떻고, 몇 명이 있고서부터 시작해 가지고 재산이 얼마 있고, 뭐 이런 거 다 안 했겠어요? 뻔한 거죠. 학벌이 어떻고 이런 거, 사회에서 뭘 했으며 이런 거…. 아마 연수원 있을 때에도, 제 느낌이었는데 그때도 기무사인지 국정원지 모르겠지만 들어와 있었을 거예요. 이렇게… 애들이 보면 덩치가 좋아요. 군인이 약간 몸매가, 몸이 틀리잖아요[다르잖아요]. 그런 사람이 되게 많았었거든요, 연수원에 있을 때에도. 학교에 있을 때도 아마 들어왔을 거고. 저희가 학교에 사무실 있을 때니까, 머리 약간 스포츠[머리] 해가지고 그런 애들 좀 많이 봤던 거 같아요.

면담자   팽목항 내려갔을 때부터 있었다고 하시더라고요.

소희 아빠   4월 16일 그날부터 해가지고 거기 굉장히 많았죠. 지금 계속 찾아다니고 있는데 나올 거예요, 아마. 저희 영상 21시간, 3사 방송 다 받은 게 있으니까 부모들 빼고 나면 나오잖아요. 하나씩 다 찾으면 나와요. 그리고 이미 기무사는 구속이 됐기 때문에 거기에 대해서는 또 소송 중이고요. 그거는 이제 개인이 아닌 가족협의회로 해가지고 전체… 화물, 생존자 이런 거 말고 가족 전체로 해가지고 소송을 또 들어갈 거예요.

면담자   네. 종교는 원래 없으셨죠?

소희 아빠   아뇨, 저는 종교… 무교요.

면담자   직장이나 돈에 대해서는 혹시 생각이 바뀌셨나요?

소희 아빠   '돈을 많이 벌어야 된다' 그런 게 없어요. 아이들 희생도 많이 보니까. 그리고 부모들하고 한 부모…, 한 부모가 아니라 아이가 하나밖에 없는 가정도 있잖아요. 그런 부모님들 많이 보니까 그분들이 '내가 산 이유가 이 아이 때문에 어찌 됐건 살았는데' 그런 게 다 없어졌잖아요, 그분들이. 그러다 보니까 여기에 올인하고 계시는 이유가 그런 거예요. 그리고 삶의 의미를 모르겠대요, 아이가 없으니까…. 그래서 저도 그렇게 같이 하다 보니까 그런 것들 때문에 좀 술도 많이 마시고는 있는데, 그분들도 워낙 많이 마시니까. 돈을… 굳이 '그냥 쓸 만큼만 있으면 된다' 그렇게 생각해요.

소희 아빠 박윤수

6
현재 걱정되는 점

면담자   4년간의 이야기들을 해주셨는데, 지금 현재 가장 걱정되거나 고민하는 점에 대해 얘기해 주시겠어요?

소희 아빠   지금… 걱정되는 거는 소희가 일단은 계속 좀 잘 살았으면 좋겠고요. 그리고 특조위가 되었든, 아이들한테 특조위도 잘되어야죠. 특조위 출범이 아마 11월 6일인가 7일인가 그럴 거예요. 지금 출범했겠죠? 연수 기간이 들어가요, 한 달. 끝난 동시에 조사가 시작될 거예요. 그러면 조사 동시에 저희가 요청한 게 "특검을 바로 시작하자". 원래 두 번 할 거거든요, 바로 시작할 거고. 기존에 1기 때 했던 일 몇 개가 남아 있잖아요, 중단된 게. 그거 갖고 시작할 거고요. 그런 것들 좀 잘되었으면 좋겠고…. 우리 애들, 지금 생존자 애들 하고자 하는 것들, 잘 좀 해서 아이들이 이제 집중돼서 갔으면 하는 거죠…. 75명이 다 모였으면 좋겠어요. 아직까지 그렇지 못하니까….

면담자   졸업식 이후로는 75명이 모인 적이 없나요?

소희 아빠   모일 수가 없죠. 애들이 각자 다 대학이 다르기 때문에, 그리고 기숙사 생활 하는 애들도 많고 그래 가지고. 졸업하고 나서 아마 그걸 좀 준비해야 되지 않을까…. 그 아이들을 만날 수 있는 장소, 그런 걸 좀 준비해야 되지 않을까…. 그것도 하나의 과제죠, 저희한테.

면담자   지금은 몇 명쯤 모여요?

소희 아빠   지금 '메모리[아]' 해가지고 한 19명쯤 들어가 있는 걸로 알고 있어요. 아이들이 만든 거잖아요, '메모리[아]'라고. 4주기 때도 행사 있을 때 애들이 부스 만들어놓고 카드서부터 해가지고 아이들이 만든 거 있어요. 그런 것들 나눠주고 그랬거든요. 지금이 이제 시작이라고 봐요. 그 전에는 크게 못 했고요. 그런 거 하나씩 만들어줘야죠, 할 수 있게끔.

면담자   소희도 '메모리아'를 하고 있나요?

소희 아빠   네, 하고 있고. 광화문 때 올라갔잖아요? 그때 소희가 몸살이 나가지고 못 올라갔잖아요, 원래 10명이 올라가는 거였는데. 그리고 대충 애진이가 읽은 게 전부 다…. 소희가 국문과, 원래 소희도 잠깐 국어선생님 되려 그랬잖아요. 근데[그래서] 그런 것들 좀 정리하고. 원래 1기 걔네들 했을 때가[는] 소희가 원래 거기 대표였잖아요. 그런데 나중에 내려놓고 지금은 애진이가 하고 있는데…. 〈비공개〉

중요한 거는 아마 평생 동안 싸워야 되지 않을까, 진상 규명 때문에. 진상 규명이 언제 될진 모르겠지만…. 소희는 명확하게 "내 친구가 왜 그랬는지를 갖다가 알고 싶다"는 거니까, 뭐 다른 건 없어요. 그런데 정말 물려주기 싫죠. 저희들 부모 선에서 끝났으면 좋겠는데 저희가 봤을 때 쉽지가 않을 것 같아요.

밝혀져도 아마 광주처럼 되지 않을까…. 저희가, 부모들이 제일 싫어하는 게 그거거든요, 지금. 광주처럼 밝혀져도 처벌 안 되는 거, 이런 것들. 그래서 빨리 조사를 좀 더 빨리 해서 그 사람들을 처벌할 수 있는 그런 거를 갖다 할려 그러는데…. 30년이 흘러서 나중에 개봉이 되면 뭐 할 거예요. 처벌할 사람 아무도 없는데. 다 많이… 지났잖아요. 광주가 지금 그렇잖아요. 그래서 그렇게 안 되게 하려고 지금 굉장히 거기에 대해서 쏟고 있죠. 123정 해경도 마찬가지고 그 많은 사람들이 다… 공무원들이 지금 승진해서 올라가 가지고 각[각] 포진을 다 해 있고요. 그런 사람들 처벌받아야죠, 다.

면담자   광주나 그런 일들에 대해서 4·16 이전에도 관심이 있는 편이셨어요?

소희 아빠   아니요, 몰랐죠. 광주에 그런 일이 있었는지도 저는 몰랐어요. 옛날에 무슨 뭐 "간첩이 왔네" 이런 식이었잖아요. 그런데 나중에 알게 됐죠.

면담자   4·16 이후에 여러 사람들 만나고 하면서 구체적으로 알게 되셨다는 말씀이세요?

소희 아빠   네. 거기서부터 해가지고 자문위원을 구해야 되니까, 저희가. 무슨… 무슨 사라 그러죠? 의문[사]…(기침) 의문[사]도 그러고. (면담자: 의문사진상규명위원회 이런 거요?) 네. 담배를 끊어야 돼. 담배를 너무 많이 피워요, 요즘. 하루에 두 갑이 넘으니까

목이 너무 아파요.

면담자   밀양송전탑이나 강정마을에 계신 분들 등 여러 분들
과 연대도 하셨다고 들었는데 그것도 4·16 하면서 만나신 건가요?

소희 아빠   그렇죠. 그 전에는 말 그대로 아무것도 몰랐죠. 그
냥… 애들만 잘 먹이고 잘 키우고 좋은 대학 보내서 시집가는….
시집, 장가 보내는 그거였죠, 뭐. 다 똑같은 부모였죠. 그런데 그런
자문위원들을 만나가지고 보니까 의문사 된 것들 보니까. 와… 이
렇게 많은 사람들이 이유도 없이, 가지도 않는 곳에 갑자기 "등산
도 안 좋아하는데 등산을 가서, 산에 가서 도와줬다" 이런 것들이
[의혹이] 되게 많더라고요. 지하철[대구지하철화재참사], 그쪽으로는
친척이 있는 것도 아니고 뭐 누가 있는 것도 아닌데, 지하철 사고
나가지고 돌아가신 분들…. 그런 얘기를 되게 많이 들었죠.

　　　그래서 말 그대로 구원파에서도 그 누구죠? 구원파 대변인인가
요, 대변인이라고 있었잖아요. 그… 전화가 온 적도 있어요, 가족
들 조심하라고. (면담자 : 가족에 대한 협박인 건가요?) 자기들이 아니
라 "몸을 다 조심하셔야 된다"고, 그 사람들 표현은 그랬던 것 같아
요. "어떤 일이, 무슨 일이 생길지 모르니까 다들 조심하셔라".

　　　그리고 그런 사고가 몇 번 있었고요. 진도 내려갔다 올라오는
데 타이어가 막 빠지려고 그래 가지고 떨어진 적이 있었고요, 버스
가요. (면담자 : 가족들이 타고 있는 버스 타이어가?) 네. 제가 진도를
[에]… 있다가 무슨 법원 끝나고 나서 있다가 올라오는 상황이었나,

소희 아빠 박윤수

진도에서 아마 있었을 거예요. 올라오는데, 제가 그때 당시 같이 일했던 동생 놈하고 같이 차를 갖고 뒤에 타고 오고 [있는데, 앞을 보니] 버스가 가는데 막 바퀴가 흔들리는 거예요, 뒷바퀴가. 그래서 이상해서 전화를 했더니만 기사가 못 느꼈대요. 그런데 차를 세웠더니만 볼트 이렇게 채우는 게 있잖아요. 세 개 빼고 다 부러진 거예요. 그거 말고도 많았어요, 사고 난 적도 있고 뭐.

면담자   버스 사고는 언제예요, 2014년인가요?

소희 아빠   되게 오래됐죠. 정확히 기억은 못 하겠[어요], 한참 우리 싸우고 그랬을 땐데, 그때가. 실제로 그런 일…, 그 얘기 듣고 나서 그런 것[사고]들이 몇 개 있었는데. 그런 얘기를 들어서인지 모르겠는데, 그런데 타이어가 웬만하면 부러지지가 않는대요, 볼트가. 그런 것들 [감안]하면 이해가 안 되고.

그 전에도 한 번 버스가 또, 안산시청에다 얘기했는데[얘기해서] 차를 새 차로 다 바꿨잖아요. 그런 적도 있었고요. 연관성이 있는지는 모르겠어요. [구원과 대변인의] 전화를 듣고[받고] 나서 그런 일이 자꾸 좀 생기더라고요. 그래서 '이건 좀 이상하다'. 그리고 말 그대로 집행위원장이랑 우리 임원들[이 어디든] 갔을 때 국정원 [직원이] 따라다니고 그런 것들. 마지막에 잡았잖아요. "너 뭐야?" 그랬더니 "어쩔 수 없다고 위에서 저거[지시] 하는 거라 저희도 보고할 수밖에 없다. 따라만 다닌다. 그 대신 보고를 해야 되니까 어쩔 수 없다" 그런 건 많아요, 되게. 잡아가지고 군인[인가 소속] 확인했고 이런 것도 있고, 뭐.

면담자   버스 타이어 나사를 빼는 건 큰 사고가 날 수도 있는 거잖아요?

소희 아빠   그때 사십몇 분인가 부모님 타고 계셨어요. 그런데 45인승이잖아요, 거기 꽉 찼잖아요. 그래 가지고 저는 뒤에… 뒤에서 만약에 차를 못 봤다 그러면 아마 그거 사고 났어요, 100프로. 보는데 자꾸 타이어가 너무 이렇게 흔들려서 '왜 저러는 거야?' 그러고 차를 일단 세웠죠. 그게… 어디야, 대천해수욕장. 대천휴게소 약간 지나서 "차를 세우라"고, 세웠죠. 그래 가지고 기사 보고, 기사도 깜짝 놀라더라고요.

면담자   그런 일이 또 있었어요?

소희 아빠   전에도, 저는 그때 몰랐는데 저기 유병화 씨라고 10반 대표가 있었거든요, 당시에. 그거 말고도 사고가 한 번 더 있었다고 얘길 하더라고요, 버스. "그러냐, 알았다…". 그리고 진도에서 올라올 때 자동차 사고도 개인적으로 나신 분도 많고, 애진이 아빠도 갈비뼈 몇 개 부러져 가지고 차 폐차시키고 그런 것도 있었어요.

면담자   그것도 의심이 갈 만한 사고였나요?

소희 아빠   그거는 그냥 일반 사고 같은데…. 그분이 음주운전이에요, 여자분인데 되게 웃겼어요, 아무튼. 경빈 엄마하고 그때 탔던 게 큰 건우 엄마, 그다음에 애진이 아빠 해가지고 타고 있었는데 사고가 좀 크게 났죠, 그때. 음주운전에다가 뭐…(한숨) 이해가 좀 안 돼요(한숨).

7
남은 삶에서 추구하는 것과 진상 규명의 의미

면담자   앞으로의 남은 삶에서 한 가지 추구하고자 하는 목표가 있다면 무엇인가요?

소희 아빠   딱 하나죠, 뭐. 진상 규명. 끝까지 난 보겠다. 그거 하나죠. 최대한 빠른 시일 내에…. 아까 말씀드린 [대로 그 어떤 것에도] 개의치 않고 진상 규명을 해서 그들을 다 처벌하는 게 저의 마지막 목표죠.

면담자   진상 규명을 뭐라고 생각하세요?

소희 아빠   (웃으며) 진상 규명이요? 진상 규명은….

면담자   부모님들이 조금씩 다르게 말씀하시더라고요. 그래서 아버님은 어디까지가 진상 규명이라 생각하시는지 여쭤보려고요.

소희 아빠   말 그대로 그때 당시에 관련자들, 해수부가 됐든 국회의원이 됐든 누가 됐든 간에 관련자들. 그때 당시에 일반 시민 중에서 나쁜 사람도 되게 많았잖아요, 그들 또한 포함. 그게 다 [처벌]되면 진상 규명이라고 생각해요.

면담자   진상 규명이 된다면 그다음에는 뭘 하고 살고 싶으세요?

소희 아빠   저요? 글쎄요. 그건 그다음에 문제죠. 그다음 생각을 안 하죠. 아직 그것도 안 됐는데 어떻게 그다음을 생각해요.

면담자   그렇군요. 그럼 진상 규명에 대한 전망은 어떠하신지요.

소희 아빠   깜깜하죠.

면담자   '언제쯤 될 것 같다'고 생각해 보신 적 있으세요?

소희 아빠   언제쯤 된다는 거는 저도 장담을 못 하겠지만, '우리 손에서 끝내고 싶다. 그걸 [희생자 아이들의] 형제자매나 우리 생존자 아이들은 지금 [4·16]재단하고, 앞으로 할 수 있는 봉사 이런 것들, 사회에⋯ 이런 거 좀 했으면 좋겠고. 지금 하는 거는 부모들이, 저희 부모님들 선에서 끝났으면 좋겠다. 앞으로 지향적인 건[미래를 지향하는 활동은] 아이들이 하고'. 그렇다고 가족, 다들 가족이고 피해자들이잖아요. 재단에서 하든 뭘 하든 그런 걸 좀 했으면 좋겠고요. 장학재단이 됐든 뭐라든 만들어서 그런 것들. 세월호하면 되게 안 좋게 보시는 분이 많잖아요. 그런 게 아니라, 자원봉사를 하든, 아이들이 직접 연탄 배달이 됐든 뭐가 됐든 이런 것들을 했으면 좋겠고. 그들을 처벌하는 것들은 저희 손에서 끝났으면 좋겠어요.

면담자   앞으로의 진상 규명에 대해 "깜깜하다"고 표현하셨

278

는데 특조위에 대해서는 기대하시나요?

소희 아빠   특조위는 저번에도 잠깐 말씀드렸지만 이벤트성이라니까요, 그렇게 안 봐요. 저희는 저희 임원들은 다 알고 있어요. 선조위도 마찬가지로 [조사 결과가] 두 개로 나왔고요. 특조위도 조사만 잘해라. 처벌, 어차피 처벌 안 되니까 조사만 잘해서 특검을 가면 특검에서 바로 쓸 수 있게끔. 얘를[책임자를] 갖다가 구속을 시킬 수 있게끔, 그런 제도를 특검에서 만들어야죠. 특검도 올라가야 되고…. 특검을 너무 많이 쓴다고 좋은 게 아니더라고요, 딱 배정했을 때…. 근데 너무 이게, 문재인 대통령이 내년 되면 정리를 하잖아요, 여지껏 올려놓은 것들을. 그래서 내년 안엔 모든 것들을 해야, 빨리 출범을 해야 된다 그래 가지고 그거 준비 중이에요, 빨리 특검.

면담자   진상 규명이 아버님께는 어떤 의미일까요?

소희 아빠   진상 규명이요? '진상 규명'이에요, 말 그대로. 진상 규명은 말 그대로 먼저 간 아이들의 뭐…, 그 진상을 밝혀야지만 우리 생존자 아이들도 좀 더 무게를 내릴 수 있을 것 같기도 하고 그런 거죠.

면담자   그렇군요. 지금 4년 반 정도 지나간 건데 그간 소희가 거쳐 온 많은 경험들이 있잖아요, 소희를 생각하면 지금 어떤 생각이 드세요?

소희 아빠   지금 딱… 사고… 나서, 소희를 얘기하면 참 난감하
네. (면담자 : 너무 많은 일이 있었죠?) 이게 너무 많은 일이 있다 보니
까 정리가 좀 안 되는데요, 제가. 소희를 생각하면 뭐… 한편으
로 보면 이게 맞는지 모르겠는데 사고가 나서, 애들은 말 그대로
소희 같은 경우는 철이 더 많이 들었고요. 원래 많이 들었는데, 막
내도 철이 많이 들고. 저도 약간 이쪽으로 다시 눈을 깨우치면서
하다 보니까 뭐, 그 정도예요.

       소희… 소희?(한숨) 이렇게 보면, 소희를 보면 아프기도 하고요,
기쁘기도 하고요. 반반이에요. 지금 상태는 '참 잘됐다'라고 보고
초창기 때에는 되게 많이 아파하니까, 아파 가지고 힘들어했죠. 저
도 그렇고…뭐. 그런 걸 겪다 보니까 느끼는 거는 '유가족은 또 얼
마나 힘들었을까' 그런 것들, 그런 것들을 좀 깨닫게 되었죠. 옆에
서… 팽목에서 있을 때 그걸 다 지켜봤잖아요, 저는. 너무 잘 알고
있기 때문에, 그래서 더 못 놓는 것도 있어요.

면담자   마지막 질문이 될 것 같은데요. 시간이 많이 지난 지
금 시점에 4·16을 떠올리면 무슨 생각이 드세요, 4·16은 아버님께
어떠한 의미인지요?

소희 아빠   이제는 4·16이라고 하면 전부죠, 전부. 저한테 남은
과제와… 4·16 하면 많은 가족들을 만들어줬고 4·16 하면 아프고
힘들고. 이게 좀 바뀌어야 한다고 생각하거든요. 그런데 그 또한…
아이들의 몫이죠. 4·16 하면은 뭔가 이렇게 활기차고 뭔가 이렇게

보람 있는 일들을 하는 그런 가족이 되어야 되는데, 아직까지도 4·16 하면 많이 아프잖아요. 그게 좀 바뀌었으면 좋겠어요, 저는.

면담자   준비된 질문은 다 드린 건데요. 4차에 걸친 구술을 하시면서 혹시 빼먹은 거라든가 '이거는 기록으로 역사에 남겨야 한다'라고 생각하시는 게 있으신가요?

소희 아빠   음… 없어요(웃음). 여지껏 쭉 얘기를 했잖아요. 이 게 빙산의 일각이라고 생각해요. 기억 안 나는 것도 되게 많거든요. 저도 지금 막…, 부모님[들] 다 똑같아요. 깜박깜박해서, 매일같이. (물병을 들며) 이게 병이었어, 이게 병인 줄은 알아요. 이게 생각이 안 나는 거예요. 기억이 안 나요. 순간순간 이렇게…, 평상시에 많이 겪었던 거 "지갑?", "볼펜?" 이렇잖아요. 치매인지 어쩐지 모르겠는데 그게 계속 오더라고요. 이건 좀 술을 너무 많이 마셔서 그런가.

면담자   그래서 계속 추가적으로도 구술 면담을 부탁드리고 있으니 몇 년 후라도 다시 해주시면 좋을 것 같습니다.

소희 아빠   나중에 필요하시면, 또 하시면 해드려야죠.

면담자   감사합니다. 여러 차례에 걸쳐서 쉽지 않은 얘기를 해주셔서 정말 감사드립니다. 구술 마치도록 하겠습니다.

4·16구술증언록 단원고 2학년 1반 제9권

그날을 말하다 소희 아빠 박윤수

ⓒ 4·16기억저장소, 2019

기획 편집 4·16기억저장소 ⏐ 지원 협조 (사)4·16세월호참사가족협의회
펴낸이 김종수 ⏐ 펴낸곳 한울엠플러스(주)
초판 1쇄 인쇄 2019년 4월 1일 ⏐ 초판 1쇄 발행 2019년 4월 16일
주소 10881 경기도 파주시 광인사길 153 한울시소빌딩 3층
전화 031-955-0655 ⏐ 팩스 031-955-0656 ⏐ 홈페이지 www.hanulmplus.kr
등록번호 제406-2015-000143호

Printed in Korea.
ISBN 978-89-460-6709-7 04300
     978-89-460-6700-4 (세트)
* 책값은 겉표지에 표시되어 있습니다.